DISCUSSION

DU PROJET DE LOI

SUR LE SACRILÉGE.

IMPRIMERIE DE J. TASTU,

RUE DE VAUGIRARD, Nº 36.

DISCUSSION

DU PROJET DE LOI

SUR LE SACRILÉGE,

PAR

N.-A. DE SALVANDY.

PARIS.

BAUDOUIN FRÈRES, LIBRAIRES,
RUE DE VAUGIRARD, N° 36.

1825.

AVANT-PROPOS.

Sollicités de réunir et de publier les diverses parties de la longue discussion que nous avons engagée dans le *Journal des Débats* sur le projet de loi du sacrilége lors des délibérations de la Chambre des pairs, nous remettions cette nouvelle publication de jour en jour pour attendre le moment où la Chambre des députés serait saisie de ce projet. La loi de la piraterie discutée, votée en un jour; la loi des communautés réservée à des débats tout aussi rapides; la loi des douanes abrogée en un quart-d'heure avant d'avoir existé; dix autres lois ont laissé le champ libre à celle du sacrilége plutôt que nous ne pouvions le supposer. Tant de choses si promptement accomplies sont faites, après tout ce qu'on a vu accompli déjà, pour frapper l'imagination et provoquer des alarmes dans un pays où vivent, présens à tous les esprits, les souvenirs d'une assemblée illustre par l'éclat des noms, des talens, des lumières, des vertus mêmes, et

que ses vertus, que ses lumières ne préservè-
rent pas des résultats funestes d'une téméraire
précipitation. Cette précipitation, qui entraîna
tant de malheurs, appellera sur l'Assemblée
constituante la sévérité de l'histoire, et cependant les torts de la jeunesse pourraient
être pardonnés à des législateurs qui en avaient
l'enthousiasme, les penchans généreux, les
vives illusions. Là, il y eut émulation de dé-
sintéressement et d'humanité. On n'était avide
que de sacrifices à faire; la passion du bien
public exaltait toutes les pensées; on ne
mettait en péril les intérêts généraux qu'à force
de prétendre les servir; c'était à qui trouverait un moyen plus sûr d'éclairer la France,
d'alléger ses impôts, de réformer ses lois pour
les adoucir. Aujourd'hui, de tout autres travaux appelaient l'attention des Chambres. Nos
partis ne sont plus jeunes; le moment des
froides conceptions, des calculs réfléchis est
venu pour eux; il serait triste de voir le ministère chargé de marcher à leur tête, confondre
tous les temps en exigeant d'eux, dans leur ar-
rière-saison, la précipitation d'un autre âge. De
moins graves méprises ont quelquefois perdu
les États.

Assez de spectacles douloureux nous sont

offerts. Le malheur a voulu que la puissance législative ne fût appelée à toucher à nos finances que pour ajouter au capital de la dette nationale de nouveaux milliards, et à toucher à nos Codes que pour ajouter à la trop longue liste des peines capitales de nouvelles lois de mort. La Chambre est septennale; espérons qu'après avoir fait cette fois la part de l'émigration et des communautés, celle des charges et des rigueurs, le tour de nos libertés, de notre civilisation, de notre commerce et de notre industrie, celui enfin de la France et de l'humanité viendra à la session prochaine.

Nous sommes portés à croire que les sévérités de la loi sur la baraterie étaient légitimes et nécessaires. Nous les aurions probablement votées. Cependant il nous est impossible de ne pas regretter vivement que des questions si graves aient reçu une conclusion si rapide. L'impression qu'on éprouve de tant de promptitude à voter la peine de mort devient plus profonde, quand on rapproche ces débats du discours qui les a précédés pour demander à l'assemblée de prodiguer aussi cette peine terrible à d'autres actes, à d'autres intérêts, à d'autres maximes; il est pénible de voir que des questions commerciales et des questions religieuses, agitées dans une même séance, se trouvent avoir pour même solution des supplices. Depuis que le ministère a prononcé ce mot à la tribune de la Chambre haute, il retentit partout, et nous avons beau faire : c'est un ton auquel notre esprit ne sait pas se monter.

- La séance que nous désignons laissera de longs souvenirs. M. le rapporteur de la commission du sacrilége a envisagé la faiblesse humaine sous un point de vue tout-à-fait nouveau. Il nous était réservé d'entendre un magistrat chrétien et français s'excuser de ne pas demander plus que des têtes, en s'écriant : Faibles humains que nous sommes, nous ne pouvons rien contre nos semblables que les tuer !

M. le rapporteur se trompe. On peut donner à des hommes mille morts dans une seule ; on peut recourir au bûcher, à la roue, aux tenailles brûlantes, pour glorifier Dieu en reprenant à des créatures humaines la vie que lui seul leur a donnée. Nous retrouverions dans notre histoire des exemples mémorables de toutes ces formes pénales, sans remonter très-haut.

On peut, grâces au ciel, davantage : on peut bannir de la pensée des hommes jusqu'au nom des crimes qui attaquent les choses saintes, en ne leur parlant de la religion que pour recommander ses vertus et répandre ses bienfaits. On peut leur rendre les autels chers et sacrés par la pratique d'une piété indulgente et d'une morale sévère, par le respect de toutes les croyances pures, de tous les nobles sentimens, de tous les droits légitimes. On peut les améliorer par des lois qui favorisent la prospérité nationale et adoucissent les mœurs, élèvent les ames, enfin éclairent, occupent, développent les esprits. On peut, en un mot, leur rendre plus douce et plus grande cette vie destinée à ne durer qu'un jour. L'homme de bien qui se propose cette tâche, l'homme de génie qui sait la remplir n'est pas réduit à déplorer les étroites limites de la puissance humaine; il en admire au contraire la grandeur. Car c'est là l'éclatante marque de la bonté divine, que si les Dracons ne peuvent, dans la carrière des supplices, arriver qu'à faire ce qu'au bout du compte une pierre, une herbe, une bête fauve ferait tout comme eux, à tuer un homme, le législateur vertueux et sage a devant soi une carrière à laquelle Dieu n'a pas assigné de bornes, quand il fait usage de sa force pour assurer les progrès, le bonheur, la dignité des peuples.

Il est triste d'assister à cette résurrection de doctrines cruelles et d'établissemens oppressifs qui semble déceler on ne sait quelle invasion des vieux siècles et des pouvoirs étrangers sur les conseils de notre patrie. Mais plus les dépositaires de l'autorité royale font leur cause de cette politique déplorable qui consiste à déclarer la guerre au temps et au peuple au milieu duquel la Providence nous a jetés, plus les amis sincères, les fidèles serviteurs de la monarchie persévèreront dans le douloureux devoir de repousser jusqu'au bout des entreprises dont s'étonnent la sagesse, la raison publique et l'humanité même. Il nous serait plus doux d'appuyer le pouvoir que de le combattre. Nous gémissons surtout de rencontrer sur notre route des questions liées aux plus hautes croyances, aux plus nobles intérêts des nations civilisées. Dans d'autres temps, nous aurions défendu, à tout prix et à tout risque, ceux dont nous sommes forcés de nous établir les adversaires : car alors la justice était du côté des autels. Aujourd'hui comme à cette époque funeste, la société française est en péril. Mais la violence s'est déplacée. Les bouleversemens qui s'apprêtent partiront de l'autre extrémité de l'arène politique. Il ne nous est pas donné de pouvoir conjurer les orages qui menacent toutes les destinées de notre patrie ; nous pouvons du moins protester au nom de cette France dont on compromet, à plaisir, le repos et la prospérité. C'est une mission que nous tenons de la loi et de notre conscience. Nulle considération au monde ne nous empêchera de la remplir.

TABLE DES MATIÈRES.

CONSIDÉRATIONS PRÉLIMINAIRES

SUR

L'ÉTAT RELIGIEUX ET POLITIQUE

DE LA FRANCE.

La loi du sacrilége et celle des communautés renferment les questions les plus graves de l'ordre social. Obligées de les distinguer dans leurs votes, les Chambres ne les sépareront pas dans leurs pensées ; elles les considéreront non-seulement comme liées l'une à l'autre, mais aussi comme liées à tous les événemens qui nous environnent. Leur haute sagesse, embrassant d'un regard tout ce qui s'est passé depuis le jour où Louis XIV réglait les libertés de l'Église gallicane, depuis celui où il révoquait l'édit de Nantes jusqu'aux téméraires destructions de la révolution française, reprendra en même temps tout ce qui s'est fait depuis la restauration des autels, depuis la restauration du trône, depuis trois années seulement jusqu'à ce jour. Elles arrêteront leur pensée sur les vives révélations que chaque instant voit éclore; elles ne dédaigneront pas de l'abaisser vers une foule d'actes obscurs qui n'ont d'importance que celle d'indices assurés de la carrière que nous avons fournie; la multitude croissante de ces écrits dans lesquels un zèle déplorable semble, à force de vœux indiscrets ou de violentes agressions, prendre à tâche de compromettre dans la confiance publique la religion de nos pères, n'échappera pas non plus à l'examen des esprits consciencieux et sages. En voyant leur exigence hautaine, on rapprochera les résolutions exprimées par le ministère, l'an dernier, sur le sacrilége, des convictions précipitées qu'il annonce aujourd'hui; et ne pouvant se dissimuler quel ascendant le domine, quelle force le pousse, on comprendra que nous sommes, avec l'Europe entière peut-être, dans la situation de voyageurs arrivés à une pente si rapide que bientôt ils tenteraient en vain de s'arrêter. Plus nos guides se montrent disposés à entraîner aventureusement la patrie tout entière dans ces voies glissantes dont nous ne savons qu'une chose, c'est que, si elles n'étaient pas bonnes et sûres, tout ce qui nous est cher pourrait être perdu sans retour; plus il importe que des pouvoirs appelés à veiller au salut de la chose publique se chargent de tempérer l'impulsion donnée, d'appeler l'expérience, la réflexion, le temps surtout au conseil avant de nous laisser faire des pas de plus.

La restauration avait deux partis à prendre : elle pouvait accepter la société telle qu'elle se livrait aux Bourbons; fonder au milieu de cette so-

ciété uniforme et mouvante des institutions politiques comme on élève des places fortes dans les
pays ouverts ; profiter de ce que les gouvernemens
des trente dernières années avaient négligé, pour
conduire la France, les deux ressorts les plus puissans, les deux biens les plus féconds, la paix et les
libertés publiques ; s'emparer de l'activité des esprits et l'entretenir, comme le principe de toute
grandeur, en ouvrant sans arrière-pensée à toutes
les émulations, à toutes les supériorités, la noble
carrière du gouvernement représentatif; s'appliquer avant toute chose à favoriser, d'un bout du
monde à l'autre, les développemens de la prospérité nationale, à laisser le pays faire fortune,
parce que la richesse donne la force et assure la
durée ; enfin aimer les grandes entreprises, rendre
la France fière d'elle-même pour qu'elle le fût davantage des princes qui lui étaient rendus, et relever en même temps la royauté dans le respect
des nations, en dirigeant les pensées du conseil
des rois, unis pour la première fois par une paix
fraternelle, vers les grands intérêts de l'humanité.
Dans ce système, le trône entraînait tous les partis, et nous entraînions l'Europe. Les peuples
comptaient ce que leurs chefs avaient fait pour
eux dans ce profond repos : la Méditerranée pur-
gée de forbans, la Grèce secourue, les déserts
peuplés, les contrées barbares policées, des routes
nouvelles frayées au commerce et aux arts, le droit
des gens discuté, réglé enfin, mis au nombre des

lois écrites, et devenu le premier de tous les Codes. L'ancienne aristocratie française avait une place marquée dans ce grand mouvement, la place de toute aristocratie ; et des hommes d'État se formaient, au sein d'un gouvernement représentatif véritable, pour la lui assigner. Le côté droit retirait profit et gloire de ses nouvelles destinées ; les divisions allaient s'effaçant dans un sentiment commun de bien-être et d'orgueil français. Celle des plaies de la révolution qui tient le plus au cœur de personnages augustes serait ainsi depuis long-temps fermée : la France n'eût pas refusé d'achever ce qui fut commencé en 1814, c'est-à-dire de payer les dettes de la maison royale qui lui assurait tant de biens, et la première de ces dettes est celle que les frères de Louis XVI contractèrent, au début de nos troubles, envers leurs fidèles compagnons d'exil.

Ce premier système, on le sait assez, n'est pas celui des conseillers de la couronne. Ils ont compris autrement les destinées et les devoirs de la restauration. C'est loin des intérêts généraux, loin de ce qui est, qu'ils ont ouvertement voulu chercher son siége et sa force. Nous n'avons donc qu'à passer outre.

Le second parti qu'on pouvait prendre était le plus difficile et le plus hasardeux. Si on se croyait tenu à réformer la société que le temps avait faite pour en reconstituer une nouvelle avec les ruines de l'ancien ordre de choses ; si on voulait rompre

avec l'esprit, les maximes, les habitudes, les besoins, avec l'allure enfin de la nation qu'on avait
à régir, il fallait d'abord éteindre, pour ainsi dire,
la société existante afin de repétrir plus à l'aise ce
corps sans vie, et c'est une gloire qu'on ne saurait
refuser au ministère à qui la monarchie reste depuis quatre ans livrée : il a fait pour arriver là tout
ce qu'il a pu. Une fois ce premier pas franchi,
restait à jeter les yeux en arrière, à chercher dans
les siècles plus jeunes que le nôtre une époque et
une combinaison qu'on voulût reproduire ou imiter. Alors seulement on pouvait se mettre à faire
force de rames pour remonter le temps.

Là, un nouveau choix était à faire. Notre histoire présente deux leviers, de forces à peu près
égales en ce que l'un fut plus puissant dans la première moitié de nos annales, l'autre dans la seconde : ce sont le clergé d'abord, ensuite la noblesse. Ces leviers antiques, la révolution ne les
détruisit pas; elle ne fit que réduire en poussière
les débris qu'en avaient laissé subsister nos rois.
Lequel des deux le ministère essaie-t-il de retrouver? Les Chambres le savent mieux que nous.

Nous ne rechercherons pas si c'était chose pos-
sible que de rassembler parmi nous les élémens
d'une autre aristocratie que celle de la Chambre
haute. Mais enfin c'était une entreprise que des ministres, les élus du côté droit, pouvaient tenter, et
si elle n'échouait pas, si on parvenait à refaire tout
un peuple, si à la voix d'un homme de génie des

pouvoirs aristocratiques renaissaient pour dominer
la France ; la France , une fois engagée dans cette
route, finissait par y retrouver de grandes destinées. Plus cette aristocratie était forte, plus elle se
montrait à l'étranger nationale, et les intérêts d'un
patriotisme généreux formaient autant de liens entre elle et le pays. La civilisation recommençait
bientôt à marcher en avant; car la noblesse française, orgueilleuse et polie, ne pouvait long-temps
séparer sa cause de celle des lettres et des arts : la
gloire littéraire l'a toujours charmée, parce que
c'est à la fois du plaisir et de la gloire. Enfin ce
système pouvait ne pas attaquer tous les droits,
ne pas renverser toute forme protectrice. L'ame de
Boulainvilliers, le génie de Montesquieu, l'engoue-
ment de la cour de Louis XV pour le gouvernement
anglais, des exemples plus récens prouvent que nos
classes élevées sont loin d'être déshéritées par le
ciel du noble don de comprendre et d'ambition-
ner un régime d'institutions libres.

Mais on conçoit que le ministère n'ait pas du
moins porté là ses efforts. Il aurait pu vouloir tout
au plus essayer de constituer un patriciat avec des
commis. Quelque chose de plus élevé dépassait sa
mesure. Ceux qui ne connaissent rien de mieux
que d'emporter un cellier d'assaut, que de désar-
mer en un jour soixante huissiers de leurs verges ,
n'étaient pas appelés à relever le royaume des
Francs; ils ne pouvaient que compromettre notre
ancienne aristocratie dans l'estime du monde, si

elle consentait à avouer plus long-temps des chefs
pour qui la ruse est du talent; la corruption, du
succès; l'escamotage, de la conquête.

On a dû chercher des appuis, un système, un
avenir ailleurs. Si le pouvoir religieux est de sa
nature le plus absolu de tous, c'est aussi le plus
facile, le plus prompt à constituer, parce que n'attaquant de front aucun intérêt, et s'établissant peu
à peu dans les esprits, il prend ses forces précisément au sein des masses qu'il doit soumettre.
Voyez l'histoire du monde ! Trente ans après Cons-
tantin, peuples et Césars, tous, païens la veille,
fléchissaient sous la houlette de leurs nouveaux
pasteurs. Trente ans après Clovis, les Francs, encore à moitié idolâtres, appartenaient, corps et
biens, à leurs nouveaux pontifes. Aujourd'hui,
on ne partait pas de si loin : on n'avait point des
croyances à répandre, des rites à établir. Le ministère n'avait qu'à porter de la puissance à une
puissance déjà grande; et c'est là ce qui a décidé
son choix.

Deux classes d'hommes n'ont pas connu notre
siècle : les esprits forts, qui raillaient comme insensées les tentatives faites, depuis dix ans, pour
semer des doctrines ultramontaines sur une terre
où les autels du christianisme lui-même venaient
d'être jetés au vent de toutes parts ; et les esprits
convaincus, qui, tenant à la religion comme à la
première garantie des sociétés humaines, comme
à une sorte de pacte entre Dieu et les hommes,

croyaient devoir accepter les alliances les plus
nouvelles pour l'Eglise gallicane, afin d'être en
mesure de reconquérir la France sur l'athéisme et
l'impiété. On n'a pas réfléchi qu'à force de diriger
toutes les armes du ridicule au milieu de la société
la plus frivole, ou toutes celles de la terreur au
milieu d'une multitude effrénée contre le culte national, Voltaire et la Convention avaient pu obtenir un jour de victoire, mais en préparant à cette
cause qui semblait abattue de longues représailles.
Le dernier siècle, par ses excès, nous légua l'héritage d'une réaction violente; le ministère veut
nous contraindre à le recueillir tout entier.

La France est profondément religieuse dans ses
sentimens. La Convention a fait passer l'humanité
même du côté des croyances proscrites; et des générations, que de grandes vicissitudes ont rendues
sérieuses, comprennent que l'ironie, tournée contre
les choses saintes, n'est rien moins qu'une insulte
gratuite à la dignité de la nature humaine. Là même
où il y a indifférence sur les dogmes, il y a respect
pour les formes extérieures, aussi bien que pour la
mission intime du culte. La ferveur seule se montre; elle s'agite, elle combat sans trouver d'adversaires. Les discussions ascétiques ont le champ
libre : aussi nous envahissent-elles de toutes parts;
et tandis que la diffusion des lumières nous sauve
encore de la superstition, le mysticisme est à nos
portes. Dans cette disposition des esprits, les conseillers du trône n'avaient qu'à prendre couleur

pour tout entraîner avec eux. L'hypocrisie devait, à leur moindre signal, sortir de dessous terre, et livrer le pays au pouvoir religieux, comme une proie sans défense.

Ce pouvoir existe : on peut même dire que, si la Constitution de l'État ne le reconnaît pas encore, il n'en existe pas d'autre dans le sein de la société française; et c'est par ce qu'il est placé ainsi qu'il est plus redoutable. Lui seul forme un corps légal et respecté, dont les membres sont partout, dont la tête voisine du ciel se cache dans les nuages de la domination romaine; un corps qui a d'autres forces que celles des lois, d'autres devoirs qu'envers la puissance royale, une autre patrie plus grande, plus sainte que notre France. Dans l'ancien régime, l'autorité judiciaire, indépendante et inexpugnable presqu'à l'égal du trône; la grande et forte association de tous les propriétaires du royaume, qu'on appelait la noblesse; le dépôt des connaissances humaines, inviolable dans les mains d'universités indestructibles; les villes enfin, les métiers même, tous ces corps puissans opposaient au clergé autant de contre-poids, et, dans leur marche uniforme, ils se forçaient entre eux à respecter les limites de leurs sphères. Tout cela est détruit; le seul ordre qui soit resté debout doit arriver à tout envahir, si les pouvoirs politiques ne défendent contre lui, peut-être pour son propre salut, la société démantelée.

Il est triste d'être réduit à contester du pouvoir

à ce corps illustre du clergé français dont personne ne peut songer à contester les vertus. Mais ces vertus même, qui font une si belle portion de son apanage, ne tiendraient pas contre les entraîne-mens inévitables du pouvoir, et la gloire à venir du sacerdoce est au nombre des grands intérêts que nous essayons de défendre.

Sans doute, la restauration devait au culte des pompes, et à ses ministres des dédommagemens. Il fallait restituer d'abord au clergé inférieur le privilége de pouvoir secourir l'infortune, augmenter le nombre de ses guides, rehausser l'un par l'autre l'éclat du sacerdoce et celui de la pairie. Il fallait aussi que l'autorité civile restât indépendante de l'autorité spirituelle, et tout annonce qu'elle ne l'est plus. Quiconque a vu nos provinces sait qu'il n'est pas de fonctionnaire si élevé ou de commis si obscur qui ne sente que des foudres invisibles peuvent à tout moment partir du sanctuaire et le renverser du poste où ses travaux l'ont placé. Déjà l'école politique qui professe la suprématie de l'É-glise, les publicistes qui exigèrent, il y a quel-ques mois, le sacrilége et qui l'ont obtenu, mena-cent le droit public tout entier des Français par des manifestes qu'on nommerait factieux si nous n'étions au milieu d'une de ces crises où tout est en ques-tion dans les institutions, dans les destinées d'un peuple. Et c'est au moment où de tels faits s'accom-plissent, où de telles prétentions s'avouent, que les gardiens du trône demandent pour cette puissance qui les domine les deux grands attributs de la souveraineté, le droit de lever des soldats et celui de dresser des échafauds !

Tout a été dit au sein de la Chambre haute sur le retablissement des communautés. Il est des argumens qui seront allés au cœur des pères, qui leur auront parlé du péril des entraînemens intéressés et des regrets tardifs. Des considérations plus grandes auront frappé les hommes d'Etat : ils auront compris que le système qu'on propose est contraire aux conditions même de l'existence des sociétés modernes, qu'il attaque dans ses sources la population et le travail, qu'il replace la propriété sous le régime désastreux des intendans, qu'il ravit à la circulation les terres et les capitaux, que par toutes ces causes et bien d'autres encore il constitue une hostilité permanente contre les progrès de la civilisation, contre les développemens de la richesse publique. Il aurait vu l'histoire justifier de toutes parts ces maximes. Qu'étaient, il y a quatre ou cinq cents ans, la Hollande, la Suède, la Russie et l'Angleterre? d'un autre côté, que sont devenues l'Espagne, la Pologne, l'Irlande et l'Italie ? Deux seuls royaumes catholiques ont grandi en puissance, l'Autriche qui a renversé ses monastères, et la France qui n'a pas encore relevé les siens.

Veut-on une preuve de plus, que le régime des communautés est en opposition à la marche du monde, à l'état des mœurs, à l'intérêt de toutes

les fortunes ? Qu'on regarde ce qui s'est passé parmi nous il y a trente années. Quand la révolution
s'attaqua follement au clergé séculier, la résistance
fut partout. Nos annales ne sont pleines que des
embarras, que des périls suscités par cette entreprise téméraire au pouvoir d'alors. Précédemment,
au contraire, les couvens étaient tombés sans bruit
et sans secousse; leur chute ne marquerait pas dans
l'histoire, si le nom révolutionnaire du moine
Chabot ne retentissait çà et là, comme pour aver-
tir qu'il y avait eu en France des ordres religieux.

Qu'on ne se le dissimule pas. La loi proposée
aujourd'hui sera féconde. On ne demande à la
Chambre haute que de reconnaître le principe. Si
un projet ministériel, sur le frontispice duquel on
ne voulait pas admettre le seul mot de sacrilége,
a enfanté déjà une application à ce crime du châtiment des parricides, qui peut douter que la loi
sur les communautés de femmes ne soit une pierre
d'attente où viendront bientôt s'appuyer les autres
monastères ? Déjà les congrégations d'hommes ne
manquent pas à la France. Puisse-t-on, dans l'intérêt de la religion catholique, ne pas donner au
clergé l'assistance d'une milice qui ne lui assurerait
que de désastreuses conquêtes ! Ce serait des conquêtes sur notre civilisation, sur nos richesses, sur
tout ce qui rend la nation glorieuse et la monarchie
puissante; des conquêtes qui, prononçant chaque
jour davantage les différences qu'une politique
opposée va marquer entre l'Angleterre et le conti-

nent, apprêteraient aux ennemis de l'Eglise une arme redoutable dans le développement de funestes parallèles.

Que les Chambres, gardiennes suprêmes de notre constitution politique et de tous les bien-faits qui y sont attachés, n'oublient point deux choses : c'est d'abord que toute réaction trop complète et trop prompte, risque de n'être pas durable : les excès renferment dans leur sein d'iné-puisables chances de représailles; c'est ensuite qu'il y aurait une illusion étrange à borner nos regards aux derniers jours de l'ancienne monarchie pour nous faire un idée de l'ordre de choses que la re-construction du système religieux d'autrefois pré-pare à la France. Outre ce que nous avons dit de sa force au milieu de la faiblesse commune, nous rappellerons que dans le siècle dernier le pouvoir ecclésiastique était en décadence, maintenant il est en progrès. Pour mesurer l'étendue de sa nou-velle carrière, il ne faut rien moins que considérer toute celle qu'il avait fournie dans le cours entier de sa durée; et à l'élan qu'il a pris on devine qu'il peut aller loin. Nous avons franchi un siècle et plus en quelques années; n'en sommes-nous pas à en-tendre déjà condamner les libertés de l'Eglise gal-licane ?

On tenterait en vain de se le dissimuler, la France est près de tomber dans une déplorable alternative :

Ou nous verrons s'élever à l'ombre du trône, peut-être plus haut que le trône même, une sorte de théocratie antique; et la théocratie est de tous les gouvernemens celui qui se montre le plus étrangèr aux ressorts de la fortune publique, aux progrès des connaissances humaines; c'est en même temps de toutes les républiques la plus attachée aux dogmes de l'égalité absolue, la plus jalouse des supériorités, celles de la naissance comme celles du génie; c'est pourtant aussi de toutes les aristocraties la plus propre à opposer de désastreuses résistances à l'autorité des rois.

Ou bien des événemens qu'on ne saurait prévoir dans ce siècle qui a vu la fortune se jouer tant de fois de toutes les espérances des pouvoirs les plus solides, briseraient le joug imposé aux esprits; la facile obéissance des peuples s'altérerait dans la même proportion que leur prospérité; nous verrions cette puissance d'un jour s'évanouir devant d'autres excès...? Qui sait combien d'intérêts chers et sacrés ne seraient pas enveloppés dans sa ruine? L'effort tenté pour rentrer dans la civilisation ne serait peut-être qu'une autre manière d'arriver à la barbarie.

Comment se fait-il qu'une plume française soit réduite à discuter de tels présages? Que ceux-là répondent, qui ont fait de notre patrie ce qu'elle est devenue en quelques jours! Des hommes de parti, des sectaires insensés peuvent seuls ne pas frémir de l'aspect qu'elle présente. Les dissensions des derniers siècles reprises tout-à-coup; des questions qui firent couler des flots de sang, qui tinrent le monde en feu, jetées au milieu de débats politiques déjà trop graves ; les partis ressuscités, comme les sectes, avec toutes leurs violences, c'est à se croire revenu au temps du Bas-Empire ; et nous aussi, ne voyons-nous pas l'étranger à nos portes ?

Si un homme disait : « Il y a dans le monde une
» monarchie dont la ruine est jurée par ceux-là
» même qui ont le mandat de l'administrer et de
» la défendre, » à coup sûr, on ne le croirait pas.

S'il ajoutait : « Cette monarchie, renversée
» trente ans par le choc des factions contraires,
» et relevée par miracle, avait vu le second règne
» de la restauration commencer au milieu d'une
» concorde, d'une joie universelles ; les peuples
» bénissaient la bonté du prince, et ses conseillers
» marquent son avénement en proposant, suivant
» leurs expressions, *d'instituer des supplices*. Les
» peuples révéraient sa grandeur d'ame, sa jus-
» tice, sa longue expérience de l'adversité, comme
» les gages d'un repos acquis par tant d'orages ;
» car là ce ne sont plus les peuples qui se mon-
» trent avides de choses nouvelles. Et les déposi-
» taires de l'autorité royale adoptent à la fois un
» système politique qui fait sortir d'un acte de
» réparation tous les fermens des discordes civiles,
» un système de finances qui ébranle dans ses
» fondemens la fortune nationale tout entière, un
» système d'innovations religieuses qui agite toutes
» les croyances ; en un mot, ils s'appliquent à

» mettre, dans le même moment, en présence
» toutes les haines, en péril toutes les fortunes,
» en question tous les droits....; » certes, alors on
commencerait à croire cet homme ; mais, grâce à
Dieu, il ajouterait aussitôt : « La sagesse publique
» est dans ce pays une puissance ; elle y a des re-
» présentans, des défenseurs augustes, et la mo-
» narchie sera sauvée. »

DISCUSSION

DU PROJET DE LOI

SUR LE SACRILÉGE.

La loi du sacrilége produisit en France, au moment de son apparition, un saisissement unanime. Loi en même temps de religion et de rigueur, tous les cœurs, toutes les consciences la jugèrent.

Nombre de bons esprits ont fortifié le sentiment national et l'ont éclairé en l'exprimant. La politique est venue de toutes parts associer sa voix au cri de l'humanité.

Cependant, tout n'a pas été dit encore sur un système dans lequel se découvrent, à mesure qu'on tente de l'approfondir davantage, les questions les plus graves de ce temps où les conseillers du trône, par un étrange oubli de leur mission, semblent avoir pris à tâche de tout remettre en question à la fois, la société, ses institutions, son histoire même, le passé en un mot et l'avenir.

Les aperçus que nous voulons signaler ne seront pas nouveaux pour le ministère. Il a mesuré l'étendue de la révolution dont sa loi contient le germe :

car on le vit, il y a moins d'une année, retirer le projet auquel il avait obtenu laborieusement la sanction de la Chambre des pairs, plutôt que d'accorder à la Chambre des députés l'admission du seul mot de sacrilége dans nos Codes. Cet acte d'indépendance, de quelque point de vue qu'il fût considéré, relevait l'administration. Ses défenseurs eurent à opposer une résolution désintéressée, un fait honorable aux accusations de la France.

Aujourd'hui une autre loi est mise en lumière. Les mêmes mains la produisent. Le titre premier diffère de l'ancienne rédaction par trois bases :

L'introduction du sacrilége dans nos Codes ;

La restriction du sacrilége à la religion catholique ;

L'application au sacrilége de la peine de mort et plus.

En discutant ces trois grandes innovations, nous les examinerons tour à tour dans leurs rapports avec la constitution de la monarchie ; la prospérité de l'Église catholique ; les destinées de la civilisation française.

Si nous démontrons que de tels intérêts s'accordent pour flétrir les sanglantes conceptions du ministère, ce sera les condamner au nom de tout ce qu'il doit y avoir de cher et de sacré pour les Français, principalement pour les plus élevés, pour les plus augustes de tous.

De l'introduction du Sacrilége dans nos Codes.

Il est des noms inaccessibles à toute objection, supérieurs à tout débat, parce qu'ils vont à l'ame, qu'ils saisissent les imaginations dans ce qu'elles ont de plus ardent et de plus noble; noms vénérables sur lesquels l'homme d'État ne s'appuie qu'avec réserve, parce que toute politique fondée sur des sentimens, sur des impressions que le raisonnement ne saurait atteindre, risque d'être exaltée comme les passions de l'homme, et passagère comme elles.

Si, dans le siècle sérieux et moral où nous vivons, il n'est personne qui ne reconnaisse dans la religion ce qu'il y a de plus digne d'hommages sur la terre, de meilleur pour le cœur et la pensée, de plus propre à ennoblir la race humaine, en établissant un secret commerce entre le créateur et son ouvrage, en donnant surtout au devoir une origine céleste et une céleste récompense, on conviendra que le mot qui fait naître chez les hommes de toutes les croyances tant de sensations et tant d'idées, est aussi le plus difficile à définir. Combien de notions y renfermez-vous? N'est-ce que Dieu et ses pontifes, que la morale divine et ses préceptes, que le dogme et ses mystères, que le culte et ses pompes, que l'église et ses autels, ses trésors, ses champs, ses moissons? Ou bien est-ce tout cela ensemble? Ce mot qui, pour nous, ne retrace que de saintes maximes et des croyances épurées, comprendra-t-il les superstitions populaires, les débris de l'idolâtrie païenne qui, dans telle localité, qui, dans la Péninsule presque entière, attristent les regards du voyageur chrétien? Où trouverez-vous enfin, pour rendre votre pensée, des expressions qu'admettent, nous ne dirons pas tous les bons esprits des divers cultes que la France professe, ni même tous les fidèles de la communion romaine, mais les pasteurs ou seulement les Pères de l'Église?

C'est pourquoi ce nom qui tient tant de place dans la vie des hommes et dans la destinée des Empires, a toujours été hasardeux à faire entrer dans le domaine des discussions politiques, plus harsardeux à faire entrer dans celui des lois. La loi veut être à la portée de chacun, fixe, claire, également comprise du législateur et des sujets, la loi, auguste et redoutable puissance qui règle les intérêts des citoyens, et au besoin fait tomber leurs têtes.

Quand le législateur a voulu que la première de nos institutions politiques, la royauté, fût grande et respectée, il s'est souvenu que ce n'était point avec des abstractions, même les plus populaires, mais avec des objets sensibles qu'on faisait des Codes. Il a distingué le Roi de son autorité constitutionnelle et de ses ministres; il a déclaré le chef de l'État inviolable, comme l'État lui-même doit l'être pour tous ses membres; il a cherché un

châtiment par-delà la peine de mort, pour quiconque essaierait de rendre la patrie veuve de son
représentant suprême. Mais il s'est borné à protéger, par de simples peines correctionnelles, la
prérogative royale ; toute claire et positive que la
rendent les limites dans lesquelles la Constitution
de la monarchie l'a renfermée, il a jugé que de
telles sauvegardes étaient proportionnées à des
agressions qui ne frappaient pas de corps. Et, pour
ce qui est des ministres de nos princes, des dépositaires et des gardiens de leur pouvoir, il les a
livrés aux garanties du droit commun. Qu'eût-il
semblé d'un Code qui, au lieu de procéder ainsi,
eût parlé de punir les attentats commis contre *la
royauté*, qui eût opposé à ce crime vague et insaisissable, le châtiment, terriblement positif, des parricides?

Appliquons ces principes, et nous trouverons que
la loi, quand elle veut traiter des choses de la religion, doit distinguer Dieu, son Évangile, ses
temples, ses ministres; nous ne parlons pas des
dogmes : on sent que leur essence divine ne leur
laisse pas de place dans les législations humaines ; ils
ne sont du ressort que de la foi et de la conscience.

Jusque-là tout le monde devrait être d'accord
M. l'abbé de la Mennais établit les mêmes maximes
que nous. Seulement, à la place de la religion, qui
est, dit-il, *une chose abstraite*, il veut qu'on apperçoive Dieu partout, dans les rites, dans les croyances, dans les pierres mêmes des temples, dans les

paroles du pontife, excepté alors que ce pontife exprime un langage de modération et d'humanité. Mais on comprend où mène cette doctrine. Aujourd'hui le prêtre voit Dieu dans les sarcasmes injurieux dont il poursuit l'évêque. Demain l'évêque pourra le voir dans les prétentions dont son zèle étonnera les rois. Bientôt enfin, suivant la belle expression de Bossuet, tout sera Dieu, hormis Dieu même.

Il importe donc de fixer nos idées. Qui est lésé par le crime que la loi veut châtier, Dieu ou les hommes, le plus saint des mystères, ou le prêtre qui l'accomplit et les fidèles qui l'adorent? Tout est là.

Celui dont la dérision insultante ou la rage fanatique porte le trouble dans le sanctuaire, est d'autant plus criminel qu'il élève ses attaques sur les objets de croyances plus hautes et plus vives. A coup sûr il blesse la société tout entière; il attente aux premiers droits de chacun et de tous. Si les lois qui frappent tout perturbateur de l'ordre, tout violateur de la propriété publique ou privée, tout contempteur des rites religieux, sont reconnues trop douces, si la multiplicité des attentats démontre l'insuffisance des peines, qu'on se hâte de les aggraver; la société outragée le demande. Mais alors aussi la société exigerait que la peine restât proportionnée au délit, et pour une insulte à des chrétiens en prière, malgré son énormité, il n'y aurait pas de sang répandu : car la société ne consent pas à en verser, les lois contre la rébellion et sur l'homicide sans préméditation le prouvent, même quand il y a *voie de fait* sur elle ou sur ses membres.

De quoi donc s'agit-il, si, pour réprimer *des voies de fait* commises sur les vases de l'autel, le législateur ne se contente pas de la mort du coupable, et veut quelque chose de plus? Il ne peut s'agir que de Dieu même, et pourtant M. le garde-des-sceaux, qui a tracé le projet, désavoue cette interprétation. Il ne prétend pas, dit-il, défendre l'être infini qui remplit le monde. On n'avait pas, en effet, jusqu'à ce moment, prononcé de peine contre l'insensé qui tenterait d'éteindre le flambeau du jour. On n'a pas encore dit que le roi du ciel fût, comme le roi de la terre, à la portée des coups d'un parricide.

Prétendrait-il venger par le sang la querelle de celui qui a fait le monde, de celui qui a envoyé aux hommes son Évangile, de celui qui a effacé du Code des hommes le mot de vengeance, pour mettre à la place ceux de miséricorde et de charité?

Sans doute, telle est la doctrine de M. l'abbé de la Mennais. Telle n'est point celle de M. le garde-des-sceaux; lui-même encore l'a proclamé. Cependant, s'il ne s'agit ni de défendre notre Père qui est aux cieux, ni de le venger, d'où vient cet effroyable appareil d'une nouvelle application des châtimens réservés au parricide?

La loi nous apprendra ce que M. le garde-des-sceaux veut sans doute dérober à nos regards; car nous ne pouvons croire qu'il l'ignore; quand il se présente dans ce débat tout meurtri des coups de l'éloquent apôtre des maximes ultramontaines, nous sommes près de voir en lui ce lieutenant de Darius qui se présentait aux défenseurs d'une ville assiégée, tout mutilé de la main de son maître, pour les lui livrer sans défense.

Dans le système de la loi, la même main qu'on a proposé de faire trancher par le bourreau eût été à peine criminelle, n'eût reçu que des fers si, au moment de l'attentat, il n'y avait pas eu consécration. Ce mot, auguste, mais tout mystique, pénètre pour la première fois dans nos lois civiles. Les secrets du tabernacle s'ouvrent à des tentatives de *preuve légale*. Ce qu'on châtie donc d'effroyables supplices, c'est l'outrage à un dogme que le ministre déclare étranger à des cultes chrétiens protégés, défrayés d'après le vœu de la Charte par le gouvernement du roi, un dogme que sans doute le coupable avait le malheur, que, dans l'univers entier, hormis le royaume catholique, il avait le droit de ne pas croire.

Ou il en est ainsi, c'est-à-dire le profanateur est de ceux que les lumières de la communion romaine n'ont pas éclairés; aux yeux de qui les clartés du christianisme lui-même ne brillèrent jamais, et certainement alors, il n'est comptable que d'un outrage aux lois, à la société qui les a faites, et, nous l'avons déjà dit, la société, pour la réparation d'une simple injure, ne peut pas vouloir du sang.

Ou cet homme adore le mystère qu'il insulte;

c'est le Dieu vivant qu'il croit saisir pour le bri-
ser.... la raison recule ici devant une supposi-
tion par trop insensée. Admettons-la cependant
pour vous complaire, et votre loi, barbare tout à
l'heure, devient maintenant insuffisante. Quelle
impiété n'y aurait-il pas d'assimiler le meurtre
d'un homme à des tentatives de déicide !

Ainsi, M. le garde-des-sceaux institue des supplices, dans le premier cas pour châtier les malheureux qui ne croient pas aux dogmes de notre
foi, et ce serait rouvrir l'arène des sévices religieux
qu'on pouvait croire à jamais fermée ; dans le second, pour venger, quoi qu'il en ait pu dire, la di-
vinité outragée, et ces outrages ne sont pas du
ressort des lois humaines. Dieu n'a pas seulement
pour se venger son tonnerre : il a les foudres de
son Eglise. D'autres armes seraient inhabiles à le
défendre. M. de la Mennais le proclame lui-même.
L'offense à Dieu, dit-il, c'est le péché. Or, le péché, délit de la conscience, n'a pour juge que
l'interprète de l'Évangile, ou bien il n'y aura
qu'une loi pour l'Etat et pour l'Église : il faudra
que le tribunal de la pénitence soit le seul qu'il y
ait sur la terre ; toute la puissance temporelle sera
remise aux mains de la puissance ecclésiastique.
Nous savons que c'est là ce que notre redoutable
antagoniste demande. Nous ne savons pas si c'est
là ce que cherchent les ministres de la couronne ;
mais à coup sûr, ce n'est pas ce que veulent le roi
et la France.

Nous touchons au nœud de ce grand débat. Le sacrilége une fois décomposé, du moment qu'il est reconnu que ce n'est point pour réprimer le délit public qu'on veut dresser des échafauds, mais pour châtier le crime de for intérieur, ce crime où la tête répond de l'insuffisance et des erreurs de la foi, notre tâche devient facile. Il nous reste à démontrer que cette innovation, contraire à l'esprit du christianisme, ne l'est pas moins à la constitution de la monarchie. Là réside la question tout entière, question immense, dont une solution imprudente apprendrait bientôt à la France étonnée combien le dix-neuvième siècle peut toucher de près au moyen âge.

Tout le monde comprendra en effet que si, dans le sacrilége, il y a deux choses, le crime envers la société, le crime envers Dieu, on ne peut les confondre sans confondre l'autorité spirituelle et l'autorité civile; en d'autres termes, sans attenter aux droits du trône de saint Louis, et renverser l'édifice tout entier de nos lois.

M. l'abbé de la Mennais le prouve de reste en s'appuyant, comme les auteurs du projet que nous discutons, sur le code des Douze Tables. C'est appeler le paganisme au secours de la foi chrétienne; c'est oublier surtout que la loi du sacrilége put dominer l'antiquité païenne, parce qu'alors il y avait dans les institutions religieuses et politiques cette unité que ne peut admettre une constitution, sous l'empire de laquelle vivent en paix les religions les plus contraires. Alors aussi l'Etat était dans la religion, et la monarchie française veut que l'Eglise soit essentiellement dans l'État. Cette différence tient précisément à l'excellence du christianisme, à sa divine nature. Quelques développemens le feront sentir.

Autant Dieu est au-dessus des hommes, autant les interprètes de la volonté divine seront au-dessus des dépositaires et des interprètes des lois humaines, partout où il y aura un commerce journalier entre le maître du ciel et les ministres de ses autels. Les anciens croyaient à ces révélations constantes des décisions d'en haut. Ce n'était pas seulement les rites et les doctrines du culte qu'on supposait dictés par les dieux; tous les intérêts temporels, tous les événemens de la vie publique ou privée appelaient leur intervention de chaque jour. Le mage et le druide étaient, par les mystères, par l'astronomie, par la médecine et l'histoire, plus que des hommes; par les oracles, ils étaient plus que des prêtres. La théocratie païenne régna, et la loi du sacrilége prit naissance. La religion et la politique ne formaient qu'un seul corps.

Grâce à des institutions libres, la fraude fut dévoilée par les philosophes chez les Grecs, à Rome par les grands. Le larcin d'un calendrier suffit pour déplacer l'Empire. Le pouvoir civil ne laissa aux pontifes leur vieille autorité sur la foule crédule qu'à condition d'assurer, tel jour, l'obéissance, tel autre, la victoire. Ce fut la pire époque du régime sacerdotal. Les augures du temps de Cicéron n'étaient plus que des jongleurs à gage.

Le christianisme vint alors ; culte de vérité, il releva le sacerdoce. Chargé du précieux dépôt de l'Évangile, consolateur de l'infortuné, quelquefois même du coupable, distingué seulement des autres hommes en ce qu'il a plus de devoirs, le prêtre dut, à ses souffrances, à ses sacrifices sans compensation et sans terme, le respect public. Prédicateur de la parole divine, il annonça que Dieu ne parlait pas par sa bouche, qu'aucun don surnaturel, aucune règle céleste pour la conduite des choses d'ici-bas ne lui était échu en partage. Il se fit gloire de distinguer ce qui appartenait à César de ce qui appartenait à Dieu. On le vit, héros d'obéissance et d'humilité autant que de courage, commander la soumission envers ce sceptre qui brisait ses autels et ensanglantait son troupeau. Il savait que le soin des ames était le seul qui lui fût confié. Les foudres du sanctuaire, ces foudres qui atteignent le crime commis envers les lois de l'Eglise là où le crime réside, dans le sentiment intime, étaient les seules dont sa main songeât à s'armer. Il ne réclamait qu'une force, la persuasion ; qu'une juridiction, la conscience ; qu'un pouvoir, il est sublime, celui d'absoudre le crime à la voix du repentir. Mais ce pouvoir, le seul que revendique l'Eglise gallicane, est un secret entre

Dieu et le pécheur. Le condamné que le prêtre absout livre aussitôt sa tête aux inflexibles vindictes de la justice humaine.

Sans doute ces utiles barrières entre le sanctuaire et la cité, entre le dogme et la loi, n'ont pas toujours été respectées ; le christianisme vit tourner au profit de l'autorité temporelle du clergé, ce respect pour les vérités révélées auquel était due la foi des peuples. L'évêque fut un magistrat, la chaire un tribunal, le successeur de saint Pierre l'arbitre et le dispensateur des couronnes. Alors les schismes devinrent des crimes publics, les agressions contre les dogmes, des agressions contre l'Empire ; et cette loi du sacrilége que le paganisme avait opposé à la religion de Jésus-Christ, qui avait versé à flots le sang des confesseurs de l'Évangile, changea d'étendard ; elle vint armer de ses foudres les autels victorieux de la nouvelle loi ; mais il fallut du temps pour que cet héritage d'une loi moins sainte, moins clémente, prît possession du sanctuaire ; et on sait quel cri d'horreur poussa l'Église, la première fois que quelques-uns de ses membres, ne se contentant plus des armes de la discipline ecclésiastique, acceptèrent l'assistance du glaive des lois civiles.

Qu'ont gagné les peuples à l'infraction des règles que leur divin maître lui-même a posées ? Voyez, si votre cœur y suffit, tout ce que les méprises de la justice terrestre, ou ses passions, ont versé de sang pour cette cause. Qu'y ont gagné les Rois ?

Demandez-le à ces empereurs implorant à genoux la clémence du pontife, qui, dans ses égaremens, brisait du pied la couronne sur leur tête? L'Église elle-même y a-t-elle gagné davantage? Une moitié de l'Europe séparée de la communion romaine est là pour nous répondre.

Aussi, depuis que les sociétés modernes sont en progrès, la civilisation et la royauté, ces antiques alliées, n'ont pas fait un pas en avant sans se rapprocher des limites que l'Église elle-même s'était autrefois données. Les peuples, les grands, les princes, tous professaient, sur la séparation des deux puissances, les mêmes maximes. Le Saint-Siége avait cessé d'y opposer ses anathêmes. Le clergé de France les avait reconnues. La Charte, en proclamant la tolérance de tous les cultes, avait développé leurs conséquences et leurs bienfaits. Avec elle, les institutions politiques et les institutions religieuses ne peuvent se confondre. Sous l'empire de la loi chrétienne, il n'y a plus de Sinaï.

Cet ordre de choses a porté ses fruits et pour l'État et pour l'Église. L'État jouissait d'une paix profonde. Ces discordes opiniâtres, qui ont tant importuné les trônes, ces prétentions, ces rivalités qui mettaient en feu les empires, n'assiégeaient plus les conseils des Rois. En même temps le prêtre long-temps proscrit reprenait, dans une condition qui rendait ses vertus plus touchantes et aussi plus faciles, une autorité que personne ne pouvait songer à lui contester. Pauvre encore, il brillait, au milieu de ce grand corps du clergé catholique, par l'éclat des mœurs pures et des saints exemples. C'était, on est heureux de le dire, comme un second sacerdoce par lequel il restaurait le premier. Un scandale affreux, un sanglant sacrilége a mis toute une province dans l'épouvante, et personne n'a vu un prêtre dans celui qui avait profané le sanctuaire par son effroyable furie. Les peuples n'ont vu en lui qu'un homme.

C'est lorsque tant de biens se sont accomplis, au prix de tant d'efforts, qu'on semble vouloir contester d'un seul coup à l'esprit humain et à la puissance royale le dédommagement de dix siècles de misères, et le prix de dix siècles de travaux. Nous savons bien que le ministère, qui a deux politiques, celle qu'il inflige publiquement à la France, et celle qu'il lui avoue par truchement, le ministère qui change volontiers d'illusions comme de système, prétend borner ses concessions à un appareil redoutable. Nous allons le détromper.

Par lui, la législation française reconnaît les crimes de croyance. Comment les citoyens de tous les cultes pourraient-ils siéger dans les tribunaux? Voilà donc la garantie du jury renversée, ou la législation serait absurde.

La législation envahit le sanctuaire, elle ne craint pas de parler, nous ne savons quel langage presque impie, en établissant les circonstances où il y a *preuve légale de la consécration.* Ces tristes débats susciteront des questions que souvent un juge laïc ne pourrait résoudre, des doutes qui seraient de périlleux scandales. Voilà la nécessité de recourir à des tribunaux ecclésiastiques, et à des tribunaux secrets, où la législation resterait incomplète, et ce n'est point là ce que nous avons à redouter.

La législation qu'on appelait athée parce qu'elle était chrétienne tolérante, d'après la Charte, perd ce caractère auguste. Comment souffrira-t-elle des chaires qui repoussent ses croyances, des temples qui désavouent ses rites? Imaginez la loi, qui est l'État lui-même, marchant dans une route et n'y entraînant pas le corps entier des citoyens! La constitution des États-Unis est républicaine : elle ne souffre pas que des voix dissidentes prêchent dans son sein la monarchie, que des mains rebelles fondent un trône sur son propre sol. La nôtre est monarchique : elle ne permet pas que la république ait parmi nous des tribunes ; pourrait-elle davantage frapper l'incrédulité et salarier ses ministres, à moins d'être à la fois inconséquente et cruelle? Ce sont de tristes contrastes à réunir.

La législation admet un principe sur lequel se fonde la servitude des catholiques d'Irlande, sur lequel se sont malheureusement appuyés tous les persécuteurs, celui-là même qui justifia la révocation de l'édit de Nantes, un principe qui menace toutes les promesses de la restauration. La désobéissance aux lois de l'Église constitue l'hérétique ; la désobéissance aux lois de l'État constitue le coupable : du moment qu'on tend à proclamer l'unité de l'Église et de l'État, hérésie vaut crime. Le pouvoir a le droit, peut-être dira-t-on bientôt le devoir de frapper, comme Louis XIV, les rebelles. Voilà une population qui compta les chefs les plus illustres de la noblesse française à sa tête, qui a donné au trône, depuis la révolution, tant de partisans chaleureux, tant d'utiles serviteurs, avertie, après dix ans de sécurité, du triomphe inattendu des maximes qui ravirent à ses aïeux fortune et patrie.

La législation lève la barrière qui sépare le royaume du ciel et le nôtre. Qu'arriverait-il, si l'hérésie envahissait quelque jour jusqu'à la conscience de celui qui est la loi vivante, ou plutôt si un pontife égaré, comme M. de la Mennais nous en menace dans des sorties presque puritaines contre l'épiscopat, disputait, comme autrefois, une épouse à la couche de nos Rois, une doctrine à leur politique, une prérogative à leur couronne? Que ferions-nous dans un tel débat? Faudrait-il revenir au temps du roi Robert, ou de Louis-le-Débonnaire?

La loi que le ministère propose, dans laquelle toute la France a vu avec effroi l'appareil de supplices nouveaux, renferme donc des principes plus funestes encore que cet appareil déplorable. Elle menace en même temps les droits, les intérêts, les sentimens, les promesses de la couronne. Elle fait naître des sollicitudes qui sont à elles seules pour la monarchie des périls et des malheurs. Elle enhardit au sein de l'Église des prétentions qui inquiètent la foi des peuples. Elle déplace tous les fondemens de l'autorité sur la terre. Elle commence une ère nouvelle, une révolution tout entière dans l'état social, dans l'état politique de notre patrie. Et pourquoi toutes ces grandes questions de l'ordre religieux et politique sont-elles si imprudemment soulevées? Pourquoi ces échafauds montrés au milieu de notre France, à l'aurore d'un règne qui naquit brillant d'espérances unanimes? Pourquoi cette carrière ouverte à des envahissemens, à des innovations, à des discordes dont il n'est pas donné à la prévoyance humaine de mesurer l'étendue? Pourquoi? il faudrait descendre à des considérations trop peu dignes de cette grave discussion si nous voulions découvrir les mobiles secrets du ministère. Des combinaisons égoïstes, le défaut d'appuis, le besoin de trouver des alliés quelque part, afin de prolonger quelques jours de plus, aux dépens de son pays, une grandeur flétrie, ce sont là des calculs auxquels on a de la peine à s'abaisser, même pour les signaler au mépris public. Pourtant, nous chercherons vainement ailleurs les motifs patens de la création soudaine dont on épouvante la France. Le ministère nie à peine qu'elle soit funeste, subversive, et lui-même a déclaré qu'elle était superflue. Comment dès-lors ne pas supposer qu'il attend de sa loi ce que nous en redoutons, qu'il y dépose à bon escient le principe

de l'unité des deux puissances, c'est-à-dire de la
suprématie plus ou moins prochaine de l'autorité
spirituelle sur l'autorité civile? La question que
nous venons de traiter ne justifie que trop ces
doutes. Passons à la seconde.

De la restriction du sacrilége à la religion catholique.

Nous avons traité de l'introduction du sacrilége
dans nos Codes, et nous en avons surtout étudié
les rapports avec les lois et les maximes fondamentales de la monarchie, non pas seulement de la
monarchie que la Charte nous a donnée, mais de
celle que fonda le baptême de Clovis, que Char-
lemagne voulut retirer du chaos, que saint Louis
fortifia de ses institutions et de ses exemples. Aujourd'hui, nous nous proposons d'examiner la restriction du sacrilége à la religion catholique, et de
l'examiner surtout dans l'intérêt de la religion
même.

Nous posons d'abord en fait que, par le système
entier du projet ministériel, la loi s'établit en
hostilité flagrante envers les cultes dissidens qu'elle
contracta l'engagement de protéger. En vain M. le
garde-des-sceaux a reculé devant cette consé-
quence; il l'a sans cesse rencontrée; elle renais-
sait partout sous ses pas.

Du moment qu'on reconnaît un nouveau crime,
il faut s'attendre que la peine sera appliquée dès

demain; car c'est assez d'un faux témoin, de quelques jurés prévenus, pour nous préparer ce déplorable spectacle, et sûrement on croira sans
peine qu'un imposteur puisse se découvrir dans un
pays où les querelles religieuses ont trouvé, il y a
peu d'années encore, des assassins. Un accident,
une méprise involontaire peuvent d'ailleurs suffire.
Là se reproduit toujours cet inévitable dilemme.
Le malheureux qu'on accuse est catholique ou ne
l'est pas. Dans le premier cas, il est poursuivi,
frappé de mort pour un moment d'ivresse, pour
une preuve de délire, pour un détestable pari ac-
cepté au sortir d'une orgie. Dans le second, c'est
son hétérodoxie que le ministère public dénonce,
que le jury discute, que le bourreau châtie à deux
reprises. Dans le premier, la loi touche au moyen
âge par sa cruauté; dans le second, au Bas-Empire par son intolérance; dans le premier, vous
violez les lois du genre humain; dans le second,
vous bouleversez de plus tous les engagemens de
la restauration, toutes les garanties de nos Codes.
Le ministère répond que si, pour échapper à
des peines légales, il suffit de dire à la société :
« *Votre religion n'est pas la mienne, votre Dieu*
» *n'est pas mon Dieu,* » *l'assassin dira demain :*
« *Vos lois ne sont pas mes lois ; votre Roi n'est*
» *pas mon roi.* » Le ministère n'a pas pris garde
que nous entendons tous les jours tenir ce langage; et nous ne chargeons pas le bourreau de
réfuter ce sophisme. Qu'un homme profère au mi-

lieu de la place publique un cri séditieux, qu'il foule aux pieds l'écu de France, qu'il renverse le drapeau blanc; qu'il fasse plus : que sa main criminelle brise une image que tout Français révère, l'enverrez-vous à l'échafaud ? Non, parce qu'il n'y a qu'outrage, ou tentative de révolte. Si donc vous passez des peines correctionnelles à des mutilations effroyables, c'est qu'il y a plus qu'un acte outrageux. Il y a eu, suivant nous, dans la question qui nous occupe, voie de fait sur Dieu même; mais l'accusé le nie, ne fût-ce que pour sauver ses jours; et il a le droit de le nier; car là surtout est le vice du rapprochement qu'établit M. le garde-des-sceaux. Ce malheureux ne jouissait de la protection de la loi française qu'à condition de reconnaître le chef de la maison de Bourbon pour l'héritier du trône de Louis XIV; mais cette même loi ne lui imposait pas le devoir de reconnaître notre Dieu pour son Dieu, ni, à plus forte raison, de professer nos dogmes. Il était peut-être lui-même de ceux qu'elle salarie pour en professer de contraires; et pourtant vous voulez que l'État châtie sur sa tête le tort de ne pas mesurer à nos croyances l'énormité de l'attentat que lui imputent ses dénonciateurs.

Ainsi, nous avons eu raison de dire qu'en poursuivant le sacrilége, au lieu de proposer des peines contre les voies de fait commises sur les choses consacrées, c'est-à-dire en confondant le crime civil et le crime religieux, le système du ministère renverse les barrières antiques qui doivent séparer les choses de la conscience et les actes extérieurs, la religion et l'État, la nécessité de l'obéissance aux lois et la liberté de tous les cultes. Cette étrange confusion de tous les pouvoirs, cet étrange oubli des conditions de notre existence politique explique seul comment M. le garde-des-sceaux, après avoir posé en principe que tout citoyen doit fléchir le genou devant les commandemens de la société, n'a pas songé ou du moins n'a pas dit qu'il comprenait dans les limites de ce principe, sans lequel la société n'existerait pas, le dogme tout religieux, tout catholique, de la présence réelle.

Nous le voyons. De quelque côté qu'on attaque la loi ou qu'on la défende, c'est toujours le dogme saint que l'on rencontre. S'il en fallait une nouvelle preuve, nous la trouverions dans le refus fait aux cultes dissidens de leur appliquer le déplorable bénéfice de la nouvelle loi. Le sacrilége n'est pas seulement l'outrage à Dieu même, car l'outrage à Dieu, comme le dit très-bien M. l'abbé de la Mennais, n'est autre chose que le péché; c'est l'outrage à son culte, et ce mot comprend la dérision des rites sacrés, les sévices contre les ministres livrés aux fonctions augustes du sacerdoce, l'effraction du tabernacle : ces attentats peuvent être commis partout où il y a des chrétiens. Ils sont même plus vieux que le christianisme; car le ministre invoque la singulière autorité des lois de Rome, république païenne, dans une discussion

qui embrasse cette double thèse, que la loi politique de notre monarchie peut consacrer le sacrilége, et que le sacrilége ne saurait être appliqué à
d'autres cultes que l'Église catholique.

Il y a plus : un pasteur des cultes dissidens a
établi que ce n'était pas seulement l'Église romaine
qui adorait dans le plus auguste des mystères la
présence de Dieu tout entier. M. le garde-des-
sceaux n'a cependant pas étendu jusqu'à cette
autre fraction de chrétiens la protection que sa loi
veut donner à la majorité des Français. De combien d'arrière-pensées, de combien de révélations
ne pourrait-on pas demander compte à cette opi-
niâtre résolution du ministère ! Nous ne le ferons
pas. Il est des craintes que le système qu'on embrasse ne peut manquer de provoquer assez tôt.
Il est des malheurs qui, si l'on y reste attaché, ne
se produiront que trop vite à tous les regards. Nous
voulons en détourner les nôtres, certains qu'il suffit d'avoir constaté les justes griefs, les alarmes
inévitables des autres membres de la communion
chrétienne pour rendre facile la tâche que nous
nous sommes proposée, de rechercher ce que la
religion catholique gagne ou perd au sanglant
privilége demandé pour elle.

Dans le temps où nous vivons, le ministère seul
peut ne pas regarder les défiances des divers cultes que la constitution tolère et protége comme
une source de malheurs pour le culte qui les fait
naître. L'innovation que l'on propose a dû être

calculée dans l'intérêt de la défense, de la gloire, de la durée de l'église catholique de France. Nous allons l'examiner sous ces trois rapports.

Les échafauds qu'on veut dresser sur le parvis de nos temples n'étaient pas nécessaires pour les défendre. Le ministre l'a déclaré. Lui-même reconnaît que notre pays ignore ce crime pour lequel il demande des châtimens. Fallait-il donc l'inventer?

Cette discussion nous conduit sur la route de quelques contradictions graves que notre système a éprouvées au sein de la Chambre des pairs. On nous pardonnera d'essayer de les détruire. Peut-être n'aurions-nous pas la témérité de prendre des objections aussi haut pour les combattre, si nous n'étions heureux d'avoir à signaler au respect et à la reconnaissance de tout ce qui sait penser, le ton auquel la Chambre des pairs a élevé ces débats. Ce que *le Moniteur* nous en révèle brille d'autant de modération que de savoir, d'autant de vénération pour la loi sacrée que d'attachement à la loi civile. Si l'on peut regretter que notre siècle voie renaître des discussions qui ne sont faites d'ordinaire que pour troubler les consciences et exaspérer les esprits, il faut avouer que lui seul pouvait produire une polémique aussi sérieuse, aussi calme, aussi profonde. Dans le temps où nous sommes, on ne sait pas approcher des choses de la religion sans être frappé de leur grandeur autant qu'ému de leur sainteté. Ces impressions ne dominent pas seulement les classes élevées. Un prélat qui unit à la fermeté pastorale de Bossuet l'onction touchante de son illustre émule (1), a raison de le dire aujourd'hui dans un mandement que la France méditera. Cette manière de sentir est commune à tous les rangs; on la retrouve parmi le peuple même. Divisés d'opinion, en un seul point, avec un des nobles adversaires du projet (2), nous reconnaîtrons qu'un homme, assez audacieux pour fendre la foule agenouillée dans nos temples, franchir les marches de l'autel, saisir des mains du prêtre l'hostie que le prêtre et tout son peuple adorent, la fouler enfin à ses pieds, susciterait une horreur égale à celle que l'aspect d'un parricide fait naître. Mais, loin d'appuyer le système de la loi, cette déclaration, que nous ne craignons pas de faire parce que notre conviction nous la dicte, deviendra pour nous un argument de plus. Nous y trouverons la preuve que le crime qu'on veut poursuivre est impossible. Il n'a pas d'exemple, il n'en aura aucun ; c'est une gratuite et flétrissante hypothèse. Faut-il la consacrer dans nos lois ? Quels châtimens y joindre ? On répond à ces questions par l'analogie que nous-mêmes venons d'admettre. Voyons si cette analogie a quelque fondement.

Le législateur d'Athènes qu'on a déjà cité n'igno-

---

(1) Mgr. l'archevêque de Paris.
(2) M. le comte de Bastard.

rait pas qu'il pouvait se rencontrer des fils avides de voir avant le temps s'ouvrir la succession paternelle ; mais il craignait d'éveiller dans les imaginations de ses concitoyens cette horrible pensée, et de souiller leur renommée aux yeux de la Grèce par une triste prévoyance. A plus forte raison devons-nous craindre de calomnier notre pays dans l'opinion du reste du monde, en inscrivant sur les tables de nos lois une impiété que nos mœurs repoussent. Nous ne pouvons pas la présumer, car nous savons que personne n'est poussé au déicide, parce que personne ne compte sur l'héritage du Dieu vivant. Personne non plus n'est poussé au sacrilége, c'est-à-dire à des dérisions et des outrages impies, parce que personne ne croirait obtenir le seul prix de ces prouesses de la débauche, c'est-à-dire des applaudissemens. L'incrédulité n'a plus de fanfarons parmi nous, depuis qu'elle a eu des bourreaux et fait des martyrs, depuis surtout que l'exemple des grands n'intéresse plus la vanité publique à poursuivre ce triste genre de gloire. L'hypocrisie de l'irréligion et du vice, la plus odieuse de toutes, sans contredit, n'est pas non plus celle que nous avons désormais à redouter.

Cet attentat, si on veut à toute force le prévoir, ne peut être attribué qu'à un sectaire fanatique qui professerait d'autres croyances, qui ne saurait pas que là est le père de tous les hommes, qui, loin de songer à l'anéantir, ne penserait même pas à l'outrager ; pour qui dès-lors tomberaient et l'hor-

reur publique, et la partie religieuse de la crimi-
nalité. Ainsi, ce crime, qui n'existe pas encore, ne
saurait naître que de la conflagration des sectes;
cette conflagration n'existe pas davantage; le meilleur moyen de la susciter serait de l'éveiller par
d'inutiles débats et des suppositions aveugles.
Craignons de ressembler à des insensés ou à des
pervers qui souffleraient sur les débris d'un in-
cendie, tout en prétendant l'éteindre.

M. le garde-des-sceaux traversant, on s'empresse
de le reconnaître, ces difficultés fondamentales
avec un talent digne d'une conviction moins con-
testée, et aussi avec une mesure digne des graves
fonctions que la confiance du roi lui délègue, demande si *l'hommage solennel rendu par la loi
proposée à la dignité de la religion ne serait pas
sans utilité*. Mais quelle étrange manière d'honorer
la religion, que de déclarer son empire sur les esprits et les cœurs assez faible pour qu'elle risque
de voir outrager ses mystères les plus augustes,
pour qu'il faille placer des échafauds sur le parvis
de nos temples, afin de protéger les autels, ou
faire marcher, comme dans l'antique Rome, des
licteurs en avant des pontifes de Jésus-Christ, afin
de rendre gloire à leur Dieu! Ne voyez-vous pas
que loin de lui faire honneur par un tel cortége,
vous la confondez avec tout ce qu'il y a eu de cultes
mensongers et barbares sur la terre? Un pieux
évêque l'a dit mieux que nous : Tuer est facile.
Dieu seul donne la vie; et c'est pourquoi une re-

ligion toute divine ne peut prouver son origine céleste, elle ne peut se distinguer entre les autres croyances que par son horreur du sang des hommes. On aurait beau faire, on ne vaincrait pas par l'appareil des tortures les prêtres des faux dieux; on peut les vaincre en douceur et en clémence. C'est encore une assez belle gloire! veut-on la laisser sans partage aux cultes dissidens?

Faisons cependant une concession aux auteurs de la loi; consentons à ne voir qu'une question de vanité dans une question de supplices, question de vanité si terriblement résolue au profit d'une religion par qui furent révélées à la terre deux vertus les plus touchantes de toutes : l'humilité et la charité chrétiennes! Alors nous concevons bien pourquoi la communion romaine a seule la triste prérogative de l'institution du sacrilége. Mais est-on bien sûr de ne pas imiter ces princes qui sacrifiaient aux frivoles satisfactions de la préséance des intérêts autrement solides? Croit-on fortifier la religion de nos pères en l'armant de lois inhumaines? quelques sophistes le disent; on leur demandera si c'est en Allemagne, dans l'Orient, au fond du Nord? Dans ces contrées, nos débats attachent sûrement les rois à l'indépendance que leurs aïeux ont conquise. Est-ce en Angleterre et en Irlande? les catholiques de cet empire portent déjà la peine de nos témérités. Serait-ce enfin parmi nous? Non. Les sœurs de Sainte-Camille, ces héroïnes de la charité, feront plus de prosélytes à la religion qui les inspire que les écrivains payés pour la défendre par une polémique grossière, ou les pontifes disposés à instituer en son nom des supplices.

Ici nous allons tout naturellement avoir à satisfaire un écrivain (1) qui, attaquant aujourd'hui nos doctrines avec des formes polies dont les discussions religieuses et politiques de nos jours s'écartent trop souvent, nous a imposé la loi de ne pas laisser sans réponse une question qu'il nous adresse. Il nous demande quelle place nous prétendons assigner au clergé ; il paraît soupçonner que nous ne reconnaissons pas *un pouvoir intellectuel qui intervient dans nos intérêts pour les purifier, dans nos jouissances pour les ennoblir*. Ce pouvoir, personne ne le reconnaît, ne le révère plus que nous ; personne ne l'a proclamé plus haut. Mais c'est précisément parce qu'il est tout intime, parce qu'il règne sur l'ame et sur la pensée, qu'il a le bonheur de n'avoir rien à démêler avec les bourreaux ; lui donner prise sur les têtes serait le déplacer, ce serait le rabaisser au niveau de l'autorité civile qui ne persuade pas, mais contraint, qui ne ramène pas, mais châtie, qui se défend de toutes armes parce que toute attaque peut la détruire, qui tue parce qu'elle ne peut pas reprendre le coupable durant tout un monde à venir.

Ce n'est pas une déclamation vaine de signaler

---

(1) *Le Drapeau blanc.*

la douceur, la mansuétude des vertus évangéliques comme les plus beaux, les plus sûrs fleurons de la couronne réservée au sacerdoce chrétien. Qu'était-ce qu'un pontife dans l'antiquité païenne? Un victimaire, un augure et rien de plus. Otez-lui les hécatombes et les oracles, c'est-à-dire la barbarie et le mensonge, que restait-il de lui? La religion n'était qu'un code d'offrandes et tout au plus de prières : elle avait laissé aux législateurs et aux sophistes le soin de châtier les vices des hommes, de les exhorter à la vertu par des récompenses politiques ou par de plus hautes promesses. Le grand, l'immense bienfait du christianisme, fut de rappeler la morale à ses sources, en l'unissant par d'indestructibles nœuds à la religion même; le prêtre prit la place que le censeur avait essayé de remplir dans la constitution romaine. Il fut le précepteur de toutes les vertus; il eut la charge de les faire comprendre, de les faire exercer; la direction des mœurs publiques constitua pour lui une magistrature qui fortifiait le sacerdoce et prenait son caractère auguste. Il eut, comme les magistrats civils, son code, c'est l'Évangile; son glaive, c'est la parole; son tribunal enfin, et là il absout et pardonne. Que le prêtre, après n'avoir pas refusé son assistance aux chrétiens mourans, quelles qu'aient été leur profession et leur vie, refuse d'ouvrir les portes de son temple au juge prévaricateur, au ministre avide et cruel, au duelliste vaincu, à l'actrice déréglée, qui auront fermé les yeux sans expier leurs torts par le repentir, il usera de son droit, il fera son devoir, et vous verrez bientôt quelle autorité lui donnera ce ministère ainsi rempli. Ce sera l'autorité des Las Cases et des Vincent de Paule : celle-là ne trouvera jamais de peuples indociles. Si tous les archevêques de Paris avaient parlé le doux et tendre langage de l'archevêque de Cambrai, Voltaire n'aurait peut-être pas préparé son siècle, par un déplorable usage de l'arme du ridicule, à tourner un jour des armes plus terribles contre tout ce que les ames élevées aiment et respectent.

Il est manifeste que la religion a pour domaine la conscience, et que le glaive ne peut arriver là. La crainte resserre et ferme les cœurs ; la persuasion seule sait y pénétrer. Gardez-vous donc d'inscrire sur les murs du sanctuaire des lois de sang, si vous voulez y voir la foule accourir. Imaginer que ce soit après une révolution qui a tout détruit et tout nié, qu'on invente, pour restaurer la religion long-temps proscrite, de la placer sous la sauve-garde d'une législation draconienne, c'est par trop insensé ! Depuis dix ans elle est en progrès : que le nouveau système soit proclamé dans un pays où des cultes divers sont tolérés encore ; on réussira tout au plus à faire de l'hypocrisie ou de l'athéisme, et on n'en fera qu'un jour.

La grande erreur est de croire que la loi qu'on discute ne donnerait à la religion catholique, dans cet appel à tout ce qui épouvante, qu'une sorte de garde d'honneur. Le glaive ne restera pas dans le fourreau. Ceux qui peuvent vouloir d'une telle décoration pour nos autels doivent former des disciples capables de vouloir plus qu'un simulacre vain. Si nous voyons la loi écrite dans nos Codes, elle y brillera bientôt en traits de sang. Elle enfantera le crime qu'elle prétend proscrire. Supposez qu'un échafaud soit dressé, qu'une condamnation y pousse un homme, que le peuple accoure à ce spectacle tout nouveau, qu'en bordant la haie autour de la charrette fatale, toute cette multitude, qui a dansé sur les débris fumans de nos autels, se raconte le crime, se le commente........ Ceux qui savent ce qu'est la France, ce qu'est l'Europe tout entière aujourd'hui, ceux-là y regarderont à deux fois avant de sanctionner de leurs votes toutes les chances qu'un tel événement pourrait préparer à leur religion et à leur patrie.

Il est des avertissemens que les hommes sages donnent sans fruit aux factions, dont elles s'indignent comme de menaces et d'outrages, que l'histoire aurait écrits en vain sur tous ses feuillets, si les bons esprits et les caractères modérés n'en profitaient pas pour y prendre le courage de résister à des exigences insensées. Cette institutrice des nations nous apprend par l'exemple de tous les temps et de tous les peuples que lorsque des partis religieux ou politiques, long-temps dépossédés du pouvoir, s'en sont ressaisis et ont voulu tendre tous ses ressorts, il s'est toujours brisé dans leurs mains. C'est une autre sorte de *jugemens de Dieu;* et ceux-là sont irrévocables.

De l'application au sacrilége de la peine de mort:

Nous touchons au terme de la longue carrière que nous nous étions tracée. Il ne nous reste plus à traiter que des nouvelles applications de la peine de mort dont le projet du ministère est prodigue. Nos observations rouleront tout entières sur des questions de législation et de politique liées aux plus chers intérêts de notre patrie, ceux qui comprennent toutes les ressources de notre prospérité, tous les besoins de notre gloire, les intérêts de la civilisation française.

Un principe qui n'est pas contesté, que les publicistes ont établi, que les législateurs ont reconnu, c'est que toute aggravation dans les rigueurs d'un Code est un symptôme de décadence. La civilisation marque son progrès par l'adoucissement des mœurs et des lois. Des lois plus prodigues de châtimens attestent son déclin.

Montesquieu revient sans cesse sur cette observation et sur cette autre, que la sévérité des peines ne manque jamais de rendre les attentats plus nombreux. La raison en est simple. Une législation cruelle décourage, corrompt, exaspère : ce sont là autant de sources de crimes.

Sous ce double point de vue, le projet de loi est jugé : il imprime à notre système pénal, déjà trop sanguinaire, des souillures sanglantes ; il crée des chances nouvelles de spectacles de mort ; il place le pouvoir en contradiction avec les efforts tentés d'un bout du monde à l'autre pour adoucir les législations pénales , aussi bien qu'avec les progrès accomplis jusqu'à ce jour dans les sentimens et les idées de la nation française. Il dégoûte enfin et révolte les imaginations en attendant qu'il arrive à les dépraver.

Ce serait là des motifs assez puissans pour repousser les funestes conceptions du ministère. Nous allons voir que ce ne sont pas les seuls.

On avait cru jusqu'à présent qu'il fallait que le législateur, pour remplir sa mission souveraine , appelât au conseil l'impartialité, c'est-à-dire la justice en même temps que l'humanité. Il n'impose silence au murmure de son cœur alarmé, il n'ose ravir la vie à qui l'a reçue de Dieu que lorsque l'acte qu'il condamne serait et dangereux et coupable dans tous les lieux, dans tous les temps : alors seulement il se sent l'interprète, l'exécuteur des arrêts du ciel. Le vol des choses saintes exige une peine grave, entre autres motifs, parce que les nombreuses chances de succès y disposent le malfaiteur ; mais par cela même on repoussera une peine, la plus grande de toutes. La mort que M. le garde-des-sceaux y attache s'applique manifestement à la violation du tabernacle où Dieu lui-même réside. Cette violation dans le système de la loi, ne peut avoir son caractère le plus coupable que depuis que le christianisme est sur la terre, que chez les nations chrétiennes, que chez les chrétiens restés catholiques, et chez les catholiques eux-mêmes, le grand nombre verra l'énormité du châtiment plus que la grandeur de l'attentat.

Ainsi, voilà une peine capitale qui ne remplit pas la première condition de ces institutions terribles, celle d'être réclamée par le sentiment uniforme du genre humain. C'est une peine qui se mesure sur la conviction du législateur, sur ses dogmes, sur une chose même qui n'est pas immuable, son opinion de la nécessité d'un tel Code. On est payé, en France, pour se défier des lois de cette sorte. La plupart de ceux qui ont à les consacrer de leurs suffrages ont été proscrits au nom de la raison et de l'égalité. Ils ont considéré de près la charrette fatale : ils hésiteront plus que d'autres législateurs, à porter des décrets de mort.

La loi ministérielle ne remplit pas la première, la plus auguste condition de la loi, celle de protéger le pays et de l'améliorer, celle d'être accordée aux doctrines aussi bien qu'aux intérêts de tous. Pour quels intérêts, pour quelles doctrines est-elle donc conçue ? la discussion va nous l'apprendre.

Il se passe parmi nous une chose fort grave. Un homme d'une singulière éloquence a fondé, ou plutôt révélé, une secte qui n'est autre chose qu'une résurrection de nous ne savons quelles écoles païennes, une secte qui connaît un autre Dieu que le nôtre, un autre Code que l'Evangile, d'autres of-

~frandes que celles du pain de vie , d'autres sacrifices que celles de l'holocauste non sanglant des
chrétiens. M. de la Mennais accuse avec vérité la
terreur d'avoir installé sous le portique de ses temples le bourreau : il aurait dû ajouter que M. de
Maistre l'a fait monter sur l'autel.

Cette secte attaquant la société par les deux ex-
trêmes prétend façonner la multitude et les grands
au culte d'un Dieu farouche ; elle interdit le savoir
aux peuples en même temps que la clémence au
pouvoir. On voit qu'elle ne néglige aucune route
pour arriver à dominer les hommes en les abru-
tissant.

Une voix qui apprit de bonne heure à être humaine et courageuse (1) a appelé l'attention de la
Chambre des pairs sur les progrès du système que
nous désignons. Ses accens généreux ont retenti
dans tous les cœurs, fortifiés par des accens partis
de rangs contraires. La présentation de la loi an-
nonçait suffisamment quel esprit dominait les Conseils. Les argumens produits pour la défendre
achèvent de le constater.

Le siècle dernier vit la philosophie railler les
plus saintes croyances et renverser facétieusement
les autels. Il nous était réservé de voir les cham-
pions de doctrines sacrées railler l'humanité et relever, en se jouant, des échafauds. Mais on aura

---

(1) *Voyez* le Discours de M. le marquis de Lally-Tollendal.

beau le tenter ; on ne vouera point au ridicule les
hommes qui défendent les jours de leurs semblables. Il peut arriver, lorsque le sarcasme monte
jusqu'à Dieu, que des ames, étourdies par la licence,
ne sentent pas l'outrage qui leur est fait, et que la
lèvre·trop docile accorde le sourire qu'on lui demande; quand on prétend amuser les peuples de -
choses qui touchent à leurs têtes, on ne peut qu'irriter par cette agression téméraire leur fibre en-
gourdie. Quiconque exige en badinant des victimes
humaines, fera horreur.

On a beaucoup reproché au prince des publicistes modernes d'avoir fait de l'esprit sur les lois;
mais, à coup sûr, il n'en eût pas fait sur les supplices. Plus on croit à la justice du Dieu qui nous a
mis sur la terre, plus on tremble d'envoyer une
créature humaine comparaître un jour trop tôt à
ce tribunal redoutable. Depuis le treizième siècle,
personne n'avait osé dire : Tuez toujours, Dieu
connaîtra les siens. La France vient de l'entendre
une seconde fois.

Le principe d'où émane ce terrible droit de vie et
de mort que la société s'attribue sur ses membres ,
quel est-il? Un noble pair (1) répond: La vengeance. Le poids d'une telle autorité entraînerait
notre conviction, si notre raison et notre cœur sur-
pris, soulevés, osons le dire, par une telle interpré-

----

(1) M. le vicomte de Bonald.

tation de la loi divine, ne nous criaient que la vengeance est un crime, et que Dieu n'a pas institué
le crime législateur suprême de tous les hommes.
Non; la loi châtie, elle tue au besoin, pour défendre la société par la répression et par l'exemple.
Elle ne se venge pas, car elle est sans passion.
C'est là son premier attribut, à moins que ceux qui
trouvent dans notre histoire sacrée des différences
d'opinion, des combats de volonté entre Dieu le
père et Dieu le fils, dont on croirait le récit em-
prunté à la théogonie d'Homère, n'aient trouvé
aussi dans nos livres saints, cette règle que la société doit attacher à ses institutions les ressentimens, les colères, les *vindictes*, en un mot, de
tous ses membres. Dans cette discussion l'illustre
orateur que nous osons combattre s'est reporté à
deux mille ans de nous. Il a cessé d'être chrétien
en oubliant que la loi de grâce nous a été donnée.

Le ministère est à plaindre d'avoir soulevé
pour la défense de ses œuvres de telles maximes.
Le projet de loi a contre soi un argument auquel
nous ne connaissons pas de réponse : c'est qu'il
traite des choses saintes, et qu'il fait frémir.

Qu'on ne croie pas rassurer et satisfaire les esprits en renonçant aux mutilations décrétées par
le titre premier. Personne n'avait pris au sérieux
ce luxe de barbaries. Tout le monde savait qu'on
ne trouverait pas deux orateurs pour les défendre;
que M. le garde-des-sceaux les demandait sans
vouloir les obtenir. Ses expressions, disons-le à sa

louange, trahissaient en lui la révolte du sang.
Le saisissement unanime de la France a donc tenu
au projet tout entier plus qu'à une de ses parties,
à la prodigalité des supplices plus qu'à leur mode.
Produite par ce que l'auteur de la loi disait de ses
efforts pour concilier la religion et l'humanité, l'impression publique s'est accrue par les sarcasmes
que l'aveu de ces combats a fait naître. Si, lors de
la présentation du projet, on avait pensé que rien
n'était déplorable comme la situation d'un homme
d'État réduit à violenter ses penchans pour servir
des intérêts étrangers et leur accorder des échafauds, on a vu qu'il y avait quelque chose de pis
encore dans cette conviction impitoyable qui se
joue de la vie des hommes, demande avec dédain
leurs têtes, et s'indigne des retards, ou seulement
des circonlocutions du ministre qui les donne. Un
tel spectacle n'aura pas été le résultat le moins pénible des discussions qui sont venues, à une époque de l'année si étrangement choisie, étendre sur
des jours de joie le voile funèbre d'un jour de deuil
national (1). Tout ce qui se passe fait voir où on
est amené, quand les dépositaires du pouvoir suprême n'ont pas cet ascendant qui brise les résistances et domine les obstacles. Les partis sont ce
que les font leurs guides : cruels ou généreux, dé-
sintéressés ou avides, prudens ou insensés, selon

____

(1) L'anniversaire de la mort de M. le duc de Berry.

qu'ils obéissent ou commandent, qu'ils reçoivent le mouvement ou l'impriment.

Maintenant un nouvel ordre d'observations se découvre. Ce n'est pas assez que la loi ministérielle soit une loi de parti ou plutôt une loi de secte, et que cette loi de secte soit avouée pour une loi de vengeance. On reconnaîtra qu'elle est en opposition à l'essence même du parti que le ministère appelle à la voter.

Toute aristocratie est tenue à être douce et humaine, sous peine de provoquer de toutes parts de nouveaux dangers. Les factions démocratiques ne peuvent guère manquer d'être cruelles : c'est d'ordinaire la corruption des grands ou leur propre misère qui les soulève ; elles se précipitent avec la violence aveugle du torrent, et détruisent tout sur leur passage ; enfin, elles peuvent compter leurs ennemis, et la multitude voit facilement éclore de ces génies expéditifs qui ne trouvent rien de mieux que d'abattre l'arbre pour n'en être plus importunés.

Rien de tout cela ne se rencontre dans les réactions aristocratiques. Ne pouvant détruire le grand nombre et pouvant l'irriter, elles évitent les spectacles sanglans qui agitent les esprits. Elles craignent en toute chose les émotions inutiles ; elles adoucissent les imaginations au lieu de les blesser ; leur principe, en un mot, est la douceur et la dignité, c'est-à-dire la modération, suivant la définition de Montesquieu. Quand donc le ministère,

par la proposition qui nous occupe, a contraint un
noble pair de descendre aux plus tristes considérations qui puissent occuper une grande assemblée,
de discuter la couleur du voile de mort sous lequel
les contempteurs sacriléges du dogme de la présence réelle cacheraient leur tête dévouée au glaive
de la loi, il a mis gratuitement la pairie française
aux prises avec un ordre de sentimens et d'idées
qui ne sont pas faits pour elle.

Ces principes reçoivent une force nouvelle des
circonstances terribles que nous avons traversées
et de celles où nous vivons.

Plus les peuples verront ennemis de toute effusion
du sang ceux qui ont été atrocement persécutés ;
dévoués aux libertés publiques , ceux qu'on pros-
crivit et dépouilla ; ardens à défendre toutes nos
gloires , ceux qui ont erré long-temps loin de la
patrie , plus des liens solides se formeront promptement entre les Français de tous les camps. Mais,
si, à force d'éveiller les ressentimens assoupis, et
de rattacher toutes les questions à des dogmes
saints, on se servait tour à tour des passions politiques et de la ferveur chrétienne, pour familiariser
les rangs élevés avec l'image de rigueurs légales,
on perdrait de vue les intérêts les plus manifestes
de cette aristocratie déracinée par nos orages. Quiconque n'attache point de prix à la vie des hommes, n'est ni un gentilhomme français, puisqu'il
parle légèrement de donner la mort ailleurs que
sur le champ de bataille, ni un homme habile,

puisqu'il se montre en même temps sans souvenirs et sans prévoyances.

Ce serait un des caractères les plus alarmans de notre époque qu'une disposition vindicative et cruelle dans nos classes supérieures. Là règne l'élégance des manières; là les femmes ont un empire aussi étendu que légitime. Si elles ne s'indignaient pas d'un langage trop semblable à une réminiscence et des temps frivoles dont leur piété condamne les égaremens, et des temps affreux dont les excès firent tant de vides autour d'elles ; si la politesse des mœurs pouvait s'allier à des haines, à des sentimens de peuple, si la religion, l'esprit de parti, la légéreté même couvraient quelquefois les maximes d'une politique ou d'une foi implacables, certes alors, il faudrait reconnaître que la société française se dissout, et nous n'aurions plus qu'à nous résigner d'avance aux fléaux qu'il plairait à la colère du ciel de tirer du sein de cette vaste décomposition.

Ici les considérations graves se pressent en foule. Il ne s'agit plus des intérêts, des fautes, de l'avenir d'une classe et d'un parti. C'est la France qui appelle nos sollicitudes, cette France que la restauration, c'est-à-dire le régime de la paix et de la Charte pouvait rendre si glorieuse, si prospère, et dont l'aspect a des côtés qui épouvantent.

Il y a une époque où les peuples n'aiment pas les supplices, où ils sont entre eux humains et hospitaliers, où une composition désarme leurs vengeances et celles des lois, où ils ne se montrent terribles que pour leurs ennemis , et ne comptent même pas encore parmi leurs ennemis, les cou-pables : c'est dans leur extrême jeunesse ou dans le cours de leur maturité.

Il y a une époque où les imaginations blasées se familiarisent sans peine à l'appareil des châtimens sévères, où quelques hommes les demandent avec passion, où la foule les voit s'établir avec indiffé-rence, où les lois, aggravées l'une par l'autre , semblent se croire toujours de nouveaux forfaits à atteindre et s'ingénient à trouver de nouveaux châtimens. C'est aux approches de la caducité des nations : car leur vieillesse est comme la nôtre, su-perstitieuse , insensible , résignée à tout. On dirait qu'alors la société se sent tombée dans les mains d'un Dieu vengeur. Elle ne songe pas à dé-fendre la vie de ses membres , sûre qu'elle est de n'avoir pas à leur survivre long-temps.

Le ministère n'aurait-il proposé toutes ces in-novations effrayantes que pour marquer sur les tables de nos lois la route qu'il nous a fait faire en quatre ans, et nous rendre aisé de reconnaître plus tard toute celle qu'il nous aurait fait faire encore? Nous n'avions pas besoin de ces tristes indications.

Par bonheur, il est des pouvoirs qui veillent sur nos destinées. Quiconque songe à notre gloire, au lieu de consentir à nous laisser doubler la borne fatale, trouvera plus simple de la renverser. Qui-conque aime et révère le Roi, ne voudra pas qu'une loi qui institue des châtimens terribles, soit la première que le nom de Charles X décore dans nos Codes; ceux que des liens d'affection unissent au ministère, plus inquiets que lui de la responsabilité qu'il accepte, ne voudront pas que si un autre Calas épouvantait la France d'un nouvel exemple des irréparables méprises de la justice humaine, la France pût dire : ia loi Villèle et Peyronnet l'a tué.

S'il se pouvait que cette loi prît place dans nos Codes, l'histoire expliquerait ainsi ce déplorable phénomène. C'était le temps, dirait-elle, où l'Empire touchait à son déclin, où régnait une administration occupée seulement de fermer les écoles, d'arrêter les mouvemens de la prospérité publique, de comprimer les esprits, d'étouffer les relations de peuple à peuple, de contrée à contrée, d'interdire l'accès de la France à l'étranger qui venait commercer avec elle, d'en refuser le séjour même à des femmes. C'était le temps où cette grande et noble France cessait d'être un pays civilisé.

RÉSUMÉ.

Il est temps de nous résumer, de reprendre tout ce que nous avons essayé d'établir plus haut.

L'introduction du crime de sacrilége dans nos Codes nous a paru attaquer la constitution de la monarchie dans ses fondemens, par l'adoption de ce principe terrible de l'unité qui, confon-

dant la puissance spirituelle et la puissance civile, tend à la fois à proscrire toute dissidence,
toute liberté religieuse, et à subordonner le
magistrat au pontife, le prince à l'évêque, ce
qui tient à la terre, à ce qui se rattache au ciel.
Les conciles qui déposèrent les rois n'avaient pas
d'autre argument. C'est aussi celui de tous les persécuteurs.

La restriction du crime de sacrilége à la religion
catholique rend menaçantes les considérations qui
précèdent : on ne saurait s'empêcher d'y voir une
infraction des promesses de la restauration, une
atteinte au texte même de la loi fondamentale,
un appel à de dangereuses alarmes comme à des
prétentions subversives, par-dessus tout une profanation pour cette religion divine qu'on rabaisse au
niveau de tout ce qu'il y a eu dans le monde de
religions craintives et inhumaines, parce qu'elles
étaient mensongères.

Les nouvelles applications de la peine de mort
que la loi du sacrilége institue et prodigue, achèvent de donner à tout cet appareil de principes et
d'innovations funestes une couleur effrayante. Nous
venons de reconnaître que toute aggravation dans
le système pénal d'un peuple est contraire à la
nature de l'aristocratie dont elle compromet le
pouvoir ; contraire aux intérêts de partis long-
temps abattus, parce qu'ils ont besoin de retrouver
des racines dans la confiance et le respect publics ;
contraire à la loi de Jésus-Christ, en mettant à la

place de son esprit de paix et de charité, le génie d'une ligue qui ne respecte au besoin ni la Charte ni l'Évangile, ni les peuples ni les grands, ni les évêques ni les rois; contraire enfin aux progrès de la civilisation dont le développement de nouveaux supplices annonce du reste la décadence, et qui, d'ailleurs se retire à l'aspect des échafauds.

Ainsi le projet du ministère, témoignage sanglant de sa docile servitude, compromet en même temps les intérêts véritables de l'Église et ceux de l'État, les droits de l'autorité et ceux des libertés publiques. À la voix de la religion et de la politique se joint le cri même de l'humanité. Comme un noble pair l'a dit mieux que nous : « Ce projet est » un outrage à notre pays et à notre temps; un » outrage au ciel et à la terre (1). »

Tant de considérations suffiraient pour nous rassurer sur le destin de la loi. Il en est d'autres qui ne peuvent manquer d'avoir un grand poids dans le temps où nous sommes, quand l'expérience de tous les maux que les pouvoirs novateurs engendrent, et de tous les biens que le repos des États fait naître, donne de toutes parts aux conseils de la modération et de la sagesse l'appui d'une heureuse lassitude.

La loi ministérielle contient ou le symptôme ou le germe d'une révolution dans les lois et dans les mœurs de notre patrie, et ceux qui ont vécu sa-

---

(1) Discours de M. le comte Molé.

vent que, tranquilles, silencieuses, inaperçues dans leurs commencemens, telles que d'humbles ruisseaux, les révolutions finissent par mugir comme des torrens, et par tout emporter dans leur cours. Près de leur source, vous pouviez les maîtriser; encore quelques pas, il ne sera plus temps.

-Les hommes d'État, ministres, pairs, députés, publicistes, n'oublieront pas que nous plier à l'exigence des révolutions naissantes, c'est accepter la responsabilité de tout ce qui naîtra de notre complicité ou de notre faiblesse. Celle qui s'annonce est la réaction religieuse et politique du mouvement de 1789. N'est-elle pas aussi destinée à tout détruire?

Déjà on sait qu'elle débute par subjuguer le pouvoir pour subjuguer les peuples; par pervertir les lois, pour corrompre la raison humaine; par solliciter de toutes parts l'hypocrisie pour couver en paix le fanatisme et lui livrer bientôt la France. De tels préludes en disent assez sur l'avenir.

On ne saurait douter du moins qu'il n'arrive l'une de ces deux choses : qu'elle triomphe ou qu'elle succombe. Victorieuse, qu'enfantera son règne? vaincue, où s'arrêtera l'effort qui déterminera sa chute? Quel pouvoir enfin est assuré de partager son triomphe? Quel pouvoir l'est aussi de ne pas partager sa ruine? Que ceux-là prêtent main forte à ses entreprises, qui pourrait nous répondre?

Royaliste et française, pieuse et sage, la Chambre des pairs se montrera digne jusqu'au bout de la mission auguste que les lois lui confèrent, d'affermir par sa prudence tout ce qui nous est cher. Il ne sera donné aux témérités d'aucun parti, non plus qu'aux fautes d'aucun homme, de changer la devise de la monarchie, qui doit être, de quelque côté qu'on porte les regards : quatorze cents ans et. plus.

Il nous est doux de pouvoir terminer par l'expression d'un espoir si français, la longue, la trop longue tâche que nous nous étions imposée. Nous l'avons remplie tout entière, certains de ne pas nous abuser sur la disposition des esprits, en nous livrant à un examen aussi étendu que religieux, d'une question qui embrasse tout ce qu'il y a de plus précieux pour un grand peuple, ses croyances et ses lois.

En quittant la triste arène des débats religieux, on respire. Ces discussions sur la séparation des deux pouvoirs, sur leurs limites nécessaires, sur leurs droits et leurs devoirs réciproques, gênent de tous côtés la conscience, partagée entre ce que la religion réclame à juste titre, et ce qu'un zèle ardent a tort de demander pour elle, entre ce que dictent les sentimens intimes, et ce que la réflexion, l'histoire, les lois y opposent. On ferait vainement effort pour se tenir loin de ces questions épineuses. Elles ont tout envahi; on ne peut les fuir qu'en désertant le champ des intérêts politiques ; dès-lors, c'est un devoir de se vaincre pour les regarder en face , et chercher, quoi qu'il arrive, là comme partout ailleurs , où sont la justice et la vérité. Nous avons obéi à la voix de notre conscience, sans regarder autour de nous. Puisse chacun en faire autant !

POST-SCRIPTUM.

De l'Amende honorable, et des résultats des délibérations de la Chambre des Pairs sur le Projet de loi du Sacrilége.

Les réflexions suivantes furent adressées au *Journal des Débats,* le lendemain du vote de la Chambre haute. Une partie seulement put être accueillie dans le numéro du 20 février, jointe à des observations semblables d'un illustre publiciste. Nous rétablissons dans son intégrité cette improvisation de notre douleur, parce qu'une question importante et neuve s'y trouve traitée.

Le ministère l'a emporté. Il a gagné de quatre voix la question de mort. C'est une déplorable victoire. Nous ne savons si quelqu'un le félicitera de l'avoir obtenue : nous le plaignons de l'avoir ambitionnée.

On dirait que le ministère s'est senti enfin blessé d'un reproche qu'on lui adressait il y a quelques mois. Nous lui demandions alors ce qu'il avait institué en quatre ans. Désormais il ne serait pas embarrassé de répondre : il a, pour emprunter ses termes, *institué des supplices.*

Les mutilations réservées au parricide ne souil-
lent plus son projet de loi. Mais que ceux qui
prennent le dieu des chrétiens pour un dieu ja-
loux et sanguinaire se rassurent. La main du
patient ne sera point tranchée. Grâce à l'amende
honorable, on promènera son agonie de rue en
rue, de place en place, de spectacle en spectacle :
de cette façon il n'y aura pas moins de cruauté;
il y aura plus de tyrannie.

L'amende honorable est une peine de for intérieur, une peine appliquée à la conscience; c'est
l'aveu du repentir, l'aveu d'un crime envers le
dogme, c'est-à-dire le désaveu imposé au coupable d'une doctrine contraire, celle peut-être avec
laquelle il a grandi. Une telle peine a quelque
chose de si oppressif, de si vexatoire, qu'elle n'a-
vait pu être inventée qu'à ces époques fanatiques
et cruelles où on convertissait des peuples entiers
par le fer et le feu.

Dans ces temps barbares, on a vu l'amende honorable subie surtout par des empereurs, des rois, de
hauts-barons. N'est-elle ressuscitée que pour marquer la renaissance de ce pouvoir qui poursuivit
long-temps l'indépendance, la dignité de l'homme
jusque dans leur sanctuaire, qui commandait de
croire, et non content de frapper les corps, voulait aussi dompter les ames et les asservir? Ce pouvoir est le seul qui ait jamais prétendu que la tête
pliât devant lui avant de rouler sous le glaive vengeur.

Du moins ce pouvoir n'est pas insensé quand il sollicite, quand il ordonne le repentir. Une autorité spirituelle a le droit, elle doit se croire la puissance d'arriver jusqu'au sentiment et à la pensée. D'ailleurs la société chrétienne est toute volontaire en même temps que toute intime. On comprend que l'Église, qui n'a pas de licteurs à ses ordres, exile ses membres du sanctuaire ou ne leur en permette l'approche que sous la condition de désavouer les fautes qui leur ont encouru ses foudres. Ils sont maîtres de s'éloigner d'elle si leur conscience ne ratifie pas ses arrêts. Quand saint Ambroise prescrivait une amende honorable à Théodose, il ne contestait à ce prince que l'accès de l'autel, et il ne lui montrait pas des échafauds.

L'autorité civile a de tout autres principes, de tout autres armes, une toute autre procédure. L'homme extérieur lui appartient seul; tout le reste n'est pas de son domaine. Elle sent que ses promesses et ses menaces ne peuvent arriver jusqu'à la conscience. Elle ne demande au citoyen que sa vie. Même quand il a commis un de ces attentats qui sont au-dessus de toute controverse, que le sentiment unanime du genre humain flétrit, elle ne songe pas à vouloir que lui-même prononce sa propre condamnation : elle n'a rien à faire de ses remords; c'est à la religion de les provoquer et de les recueillir. Pour la société, l'amende honorable, c'est le supplice.

La loi dont le ministère charge nos Codes devait être imprégnée de la confusion des deux puissances ; c'est pourquoi comme l'une elle prend la tête ; comme l'autre , elle exige le repentir.

On va voir les conséquences de cet oubli des principes du droit civil. La première de toutes est que la législation soit impuissante ; car l'exécution de la sentence dépendra de la volonté de l'homme même qu'elle doit frapper.

Si cet homme est innocent, s'il déclare qu'il n'a pas commis ce crime pour lequel on veut qu'il sollicite le pardon de Dieu et des hommes , que ferez-vous ? Il vous faudra renoncer à remplir le vœu de la loi , ou bien aurez-vous recours à des ruses, à des menaces, à de fallacieuses promesses pour vaincre ses refus ? Les précédens , il est vrai, ne vous manqueraient pas. C'est ainsi que le cardinal Winchester et l'évêque de Beauvais en usèrent avec Jeanne d'Arc.

Le condamné peut être un israélite , un sectaire fanatique ; car, enfin, n'a pas qui veut le monopole du fanatisme. Quand on le fomente quelque part, il faut s'attendre à le voir éclater partout. Si, loin d'avoir voulu outrager Dieu , il a cru le servir en imitant le zèle intrépide et ardent des premiers chrétiens ; si les preuves légales de la présence réelle que M. le garde-des-sceaux institue, n'ont pas triomphé de sa foi réfractaire ; s'il a une de ces convictions aveugles et opiniâtres que ne ramène pas le bourreau, imaginez-le professant tout haut ses maximes, au lieu de désavouer ses actes ! Il ajoutera le blasphême au sacrilége, et un crime joint à un crime lui sauvera ainsi la moitié du châtiment. Pour éviter ce scandale, aurez-vous recours à la question, aux tortures ?..... Pourquoi non !

Le patient, au contraire, fléchit dans ce combat de l'effroi et du désespoir : sa lèvre tremblante murmure un aveu que son cœur désavoue ; il meurt en balbutiant un mensonge. Voilà pour la religion, pour la société même, une étrange victoire !

Ici la loi n'est qu'immorale : nous allons la voir impie.

Le malheureux qui a profané ce qu'il y a de plus saint, dans un accès d'ivresse ou de délire, est un catholique docile et repentant. Il sait qu'il a levé sa main téméraire contre Dieu même ; il pleure sur son crime, un crime qui n'est châtié de mort par la société que pour venger le maître du ciel et de la terre ; et membre de cette Église, qui nous annonce qu'une larme efface toutes les fautes d'ici-bas, il ne verra les siennes lavées que par un baptème de sang. Dieu, dans le même moment, l'absout par la main du prêtre, et le châtie par la main du bourreau.

Les ennemis de la loi n'auraient pas mieux fait que ses auteurs, si, pour la flétrir, ils avaient demandé qu'un même article rapprochât les mots d'église et d'échafaud (1), qu'un même article prescrivît de traîner le condamné sur le seuil de nos temples, avant de le conduire sur la place des hautes-œuvres. Ce rapprochement révolte : il renferme la loi tout entière.

Supposez qu'un étranger arrive dans nos murs, le jour d'un tel spectacle; il demande quel Dieu habite ce sanctuaire vers lequel on promène en pompe le malheureux qui profana ses autels : « Un » Dieu, lui dira-t-on, qui a donné la loi de grâce, » qui a proscrit les sacrifices sanglans, qui a éta- » bli le culte de l'agneau sur la terre, qui a fait » un devoir de la charité, un crime de la haine » et de la vengeance, qui, venu parmi les hom- » mes, a souffert les derniers outrages sans punir » ses ennemis, qui est mort en leur pardonnant; » un Dieu dont la justice est toute miséricorde, » pour qui le remords est le châtiment. — J'en- » tends, reprendra l'étranger, cet homme est mené » là pour recevoir son pardon. — A Dieu ne » plaise! lui répondrez-vous, cet homme doit » mourir; et il est traîné là pour reconnaître que » nous avons raison de le tuer. »

On le demande. Que pensera de vous cet étran-

---

(1) L'article 6, amendé par M. le vicomte de Bonald et par M. le garde-des-sceaux, est ainsi conçu : « La profanation » des hosties consacrées sera punie de mort; l'exécution sera » précédée de l'amende honorable fait par le condamné de- » vant la principale église du lieu.....»

ger? dans quel temps, dans quel pays, grand
Dieu! se croira-t-il?

Sans aller si loin, que direz-vous à la France
lorsque ce mot d'amende honorable retentissant
au milieu d'elle pour la première fois après tant
d'années, elle vous demandera quel est ce châtiment, d'où il vient, à quels Codes vous l'avez em-
prunté. Faudra-t-il épouvanter les imaginations
de l'histoire de ce châtiment, une histoire qui embrasse tout ce qu'il y a eu d'assassinats commis au
nom du ciel par la justice humaine depuis l'exécution des Priscillianites et le massacre des Albigeois,
jusqu'au supplice de la pucelle d'Orléans, aux in-
nombrables exécutions des coreligionnaires d'Hen-
ri IV, à la condamnation de Galilée, à la mort du
chevalier de la Labarre? L'histoire de l'amende
honorable ferait frissonner le bourreau.

Se peut-il que notre siècle voie remuer de tels
souvenirs, que notre patrie ait de tels intérêts à
discuter, que le nom de la restauration, celui des
petits-fils du Béarnais s'associe à de tels débats?
De l'autre côté de l'Atlantique, des nations, hier
encore sauvages, réforment à l'envi leurs Codes
dans l'intérêt de la justice, du bon sens, de l'humanité! Tout près de nous, un peuple, depuis mille
ans notre émule, mettant de côté son respect
pour l'œuvre du temps, efface de ses lois les taches
que leur avaient imprimées les siècles barbares qui
les lui ont transmises! Les États même dont la politique est stationnaire, ceux que le pouvoir absolu

domine, le voient, tout effrayé qu'il est des progrès de la race humaine, travailler à adoucir les mœurs et les lois ! Il n'est pas jusqu'à l'Espagne qui, dans un procès fameux, a reculé devant l'application de châtimens que sa législation antique avait prescrits ! Et nous seuls dans le monde fouillons au milieu des décombres du moyen âge, afin d'y retrouver des barbaries et des absurdités légales ! Qu'ont fait au ciel les générations qui s'élèvent pour mériter d'être réduites à se familiariser avec ces questions d'exécutions sanglantes, de mains tranchées, de têtes voilées d'un crêpe rouge ou noir, qui confondues avec la discussion de tous les principes religieux, de tous les sentimens chrétiens, forment on ne sait quel mélange dont la raison et la piété s'épouvantent. Voilà tout ce qu'on nous donne à faire, tandis que nous pourrions employer notre force à servir le trône et la France, à les honorer, à les agrandir tous deux, et au lieu de ces nobles déstinées, il nous faut contempler, impuissans et stériles, le spectacle de M. Peel, de M. Huskisson, de M. Canning, plaçant, avec le secours de quelques mots magiques, l'heureuse Angleterre à la tête de l'univers civilisé ! Certes, si le ministère a résolu de se venger des sentimens que lui porte la France par l'affliction qu'il fait naître, son attente ne sera pas trompée : il est déjà plus que vengé.

De la grande discussion qui excite en ce moment notre douleur, il restera du moins des souvenirs dont peuvent se glorifier notre siècle et notre patrie.

L'éloquence du langage, la modération des formes, la noblesse des sentimens, le respect de ce qui, dans tous les temps, fut sacré pour les hommes, ont éclaté dans la glorieuse défense de l'opposition : il est même permis de dire que le champ de bataille lui était acquis aussi bien que les honneurs du combat. Le monde saura que rien de ce que nous déplorons n'est l'ouvrage (1) de la Chambre des pairs. Cette illustre assemblée n'a voté l'amende honorable que par surprise, pressée d'échapper à la perspective de mutilations sanglantes ; et la peine de mort avait contre soi une majorité véritable, réelle, présente ; c'est un fait qu'il importe de constater pour la gloire, pour la consolation de la France.

Qu'on ne pense pas que notre démonstration consiste à rappeler tous ces raffinemens de menaces et de promesses auxquels le ministère a coutume de descendre pour violenter les décisions des conseils nationaux, et s'assurer de faciles, de mensongères victoires. Nous croyons que de telles manœuvres échoueraient contre la haute indépendance de la Chambre héréditaire. C'est à des chiffres et à des faits que nous avons recours.

Deux cent seize pairs ont pris part au vote de la peine capitale. Il fallait cent neuf voix pour la

---

(1) M. le garde-des-sceaux en a jugé ainsi, puisqu'il a depuis lors présenté aux députés, *comme leur ouvrage*, le projet de loi sur lequel les pairs venaient de voter.

majorité simple. Le ministère n'en a rallié que cent huit.

Il est vrai que dans le nombre des bulletins, il s'est rencontré quatre billets blancs. Les nobles pairs qui les ont déposés dans l'urne repoussaient manifestement la question de mort. Si leurs voix eussent compté, le ministère était vaincu.

Ces voix écartées, restaient deux cent douze votes. Il en fallait cent sept au projet ministériel. Il n'en a obtenu qu'un de plus. Les quatre ministres qui siégent dans la Chambre ont ainsi décidé le débat.

Cependant même alors l'opposition était encore en majorité. Cinq nobles pairs qui devaient voter avec elle sont arrivés pendant le dépouillement du scrutin. Leur suffrage n'a pu être accueilli. Ils ont eu la douleur d'assister au triomphe de leurs adversaires quand ils l'eussent empêché quelques momens plus tôt, et c'est un triomphe d'autant plus fait pour exciter des regrets que d'un jour à l'autre il pourra être ensanglanté.

Une chose déplorable, c'est que huit prélats qui l'an dernier sur cette même question avaient refusé de prendre part à la discussion d'une loi pénale, quoiqu'alors elle ne fût pas chargée de supplices, ont repris cette fois leur résolution et déclaré par la bouche d'un prince de l'Eglise romaine que si les lois de l'Eglise ne permettent pas aux pontifes chrétiens de prononcer en détail, comme juges, sur la vie des hommes, ils le peuvent en masse comme législateurs. On ne saurait regretter assez dans l'intérêt de l'épiscopat que des voix ennemies pussent profiter du secret des délibérations pour dire à la France que le banc des évêques a seul fait pencher la balance en faveur d'un système de vengeance et de mort, qu'il eût même suffi du vote de deux ou trois d'entre eux pour rétablir au profit de l'humanité l'équilibre rompu par tant d'accidens étranges. Heureusement, s'il n'est pas permis de soulever le voile du scrutin et d'interroger la conscience des illustres chefs du clergé français qui ont siégé dans ces débats, la pensée d'un prélat qui s'en est tenu éloigné a été mise au grand jour, et nous avons la consolation de pouvoir deviner les sentimens du sacerdoce dans les simples et touchantes expressions de ce mandement déjà célèbre où le cœur du prêtre chrétien révélait assez les vœux du pair absent :

« Nous avons eu, disait Sa Grandeur Monseigneur
» l'archevêque de Paris, à déplorer un grand
» crime (1) pendant l'année qui vient de s'écouler;
» mais aussi nous avons été touchés de la profonde
» affliction des habitans de la paroisse où il avait
» été commis, de l'empressement des fidèles à
» réparer aux pieds de Jésus-Christ le nouvel
» outrage qu'il venait de recevoir dans le sacre-
» ment de son amour, et de leur ferveur à inté-
» resser sa clémence divine. Qui sait si tant d'ef-

____

(1) Le vol des vases sacrés dans l'église de Surène.

» forts ne parviendront pas à faire passer le
» glaive de sa justice entre les mains de sa misé—
» ricorde, et s'ils n'auront pas le pouvoir d'attirer
» sur la tête du coupable cette douce et éclatante
» vengeance qui, selon la pensée d'un saint Père,
» *fait les délices du Seigneur* (1); celle des re-
» mords salutaires qui conduisent au repentir, et
» d'une douleur pleine d'espérance qui assure le
» pardon ? »

A coup sûr, celui qui traça ces admirables paroles, le premier pasteur du Roi et de la Chambre,
peut être compté au nombre des adversaires du
projet de loi.

On oserait affirmer aussi que le système ministériel a été unanimement repoussé par tous les
hommes d'État qui ont voulu la restauration, qui
l'ont préparée sous l'œil de Napoléon armé, qui
ont plaidé ses droits dans les conseils de l'Europe
victorieuse, qui ont obtenu gain de cause au vœu
national sur les alarmes, l'ambition, les répugnan-
ces des Rois. Cette remarque serait digne peut-
être d'une sérieuse méditation. Les esprits les plus
prévenus seront près de croire que l'opposition re-
présente les plus hauts intérêts de la monarchie et
ceux même de la religion en voyant un illustre
pair qui n'est sans doute suspect ni à l'une ni à
l'autre, qui le premier embrassa la querelle de la

____

(1) S. Grégoire de Nazianze.

religion proscrite, qui le premier aussi tendit le rameau d'olivier à la monarchie exilée, l'auteur enfin du *Génie du Christianisme* et de *Buonaparte, les Alliés et les Bourbons*, a fait entendre son éloquente voix dans cette cause qui était celle de l'autel et du trône, qui était celle de Dieu et des hommes.

Que veut donc le ministère, et où nous mène-t-il ?

L'avenir répondra.

Ceux qui, dans le cours de leur vie politique, n'ont de pensée que pour le Roi et la patrie, ceux-là peuvent seuls attendre en paix que le temps nous apprenne ce que Dieu veut faire de la France.

Quoi qu'il arrive, c'est quelque chose que d'en être venu à ce point qu'il n'y ait plus pour les hommes éclairés qu'un parti à prendre. Lorsque tout ce qui a de la supériorité, de l'expérience, du savoir, tout ce qui sent et tout ce qui pense ne formera plus qu'un seul camp, conduit par les esprits les plus élevés et les caractères les plus sages, alors il faudra bien que ceux qui prétendent s'établir au-delà s'épouvantent de leur faiblesse et de leur solitude. On ne saurait long-temps demeurer en dehors de son temps et de son pays, en dehors de la civilisation et de l'humanité.

FIN.